WASH ECHTE

Ich werde ein Berliner

W0094127

Buch

Deutsche Großstädter sind total individuell und alternativ – allerdings alle auf genau die gleiche Art und Weise. Das stellt der Neu-Berliner »Wash Echte« fasziniert fest. »Die Leute aus meiner Firma sind Mitte dreißig, ziehen Kinder groß und haben einen guten Job. Meine Freunde finden das zu begrenzt und wollen frei und kreativ sein, und dabei merken sie nicht, dass sie in genau so einem strenghierarchischen System festhängen. Nur, dass es vollkommen widersprüchlich ist und keine nachvollziehbaren Regeln hat.«
Im Schutz der Anonymität deckt »Wash Echte« seit 2008 die skurrilen Eigenarten der deutschen Großstädter in einem Blog auf – mit bitterbösem Humor und liebevollem Blick fürs Detail. In diesem Buch ist alles versammelt, was man wissen muss, um dazuzugehören oder sich einfach köstlich über diese Spezies zu amüsieren.

Autor

»Wash Echte« gibt über seine Identität nur preis, dass er für einen internationalen Konzern tätig ist und seine Freizeit in jener berühmtberüchtigten Berliner Szene verbringt. Seine Erkenntnisse darüber veröffentlicht er seit Ende 2008 in dem Blog www.ichwerdeeinberliner.com.

Wash Echte

Ich werde ein Berliner

How to be a really hip German

Aus dem Englischen
von Karen Gerwig

GOLDMANN

FSC

Mix
Produktgruppe aus vorbildlich
bewirtschafteten Wäldern,
kontrollierten Herkünften und
Recyclingholz oder -fasern

Zert.-Nr. SGS-COC-004278
www.fsc.org
© 1996 Forest Stewardship Council

Verlagsgruppe Random House FSC-DEU-0100
Das FSC-zertifizierte Papier *Profibulk* für dieses Buch
liefert Sappi, Alfeld.

1. Auflage
Originalausgabe November 2010
Copyright © dieser Ausgabe 2010
by Wilhelm Goldmann Verlag, München,
in der Verlagsgruppe Random House GmbH
Umschlaggestaltung: UNO Werbeagentur, München
Umschlagabbildungen: FinePic, München
Redaktion: Gesa Jung
KF · Herstellung: Str.
Layout: Stephan Fritzsch
Satz: DTP im Verlag
Druck und Bindung: Têšínská tiskárna, a.s., ČeskýTêšín
Printed in the Czech Republic
ISBN 978-3-442-15647-4

www.goldmann-verlag.de

Inhalt

Übermäßig komplizierte Gesellschaftsspiele

Deutsche sind weltweit berühmt für ihren Erfindungs-
reichtum auf dem Gebiet der übermäßig komplizierten
Gesellschaftsspiele. Sie haben viele Preise dafür gewonnen,
und Menschen auf der ganzen Welt verbinden inzwischen übermäßig komplizierte Gesellschaftsspiele mit
dem deutschen Volk. Wenn Sie einmal die Deutschen in
ihrem eigenen Lebensraum beobachtet haben, werden Sie
verstehen, wie es ihnen möglich war, solch ein Talent im
Erfinden von übermäßig komplizierten Gesellschaftsspielen zu entwickeln. Sie greifen auf Erfahrungen aus dem
echten Leben zurück – all diese affektierten Scharaden, die
Sie zu verstehen versuchen, ganz zu schweigen von dem
Maß an begeisterter Aufmerksamkeit, das Sie aufbringen
müssen, um mit Ihren deutschen Bekannten mithalten
zu können. All das sind Symptome eines verzweifelten
Bedürfnisses, die Regeln eines riesigen, unsichtbaren Ge-
sellschaftsspiels zu befolgen. Sie genießen es, ihren eigenen
goldenen Käfig zu verstärken, und arbeiten hart daran,
das unausgesprochene Regelwerk so undurchsichtig und
unvorhersehbar wie möglich zu machen und mit ihrer Welt
zu verweben. In Berlin-Mitte zu leben, fühlt sich genauso
an, wie am unnötigsten übermäßig komplizierten Gesell-

schaftsspiel teilzunehmen, das die Deutschen je erfunden haben.

Irgendwie hat die Evolution das deutsche Gehirn so angepasst, dass es richtig gut ist im Aufstellen von Regeln und Erfinden von kleinen Hierarchien. Und es gibt wenig, was ihnen mehr Freude macht, als diese künstlichen Hierarchien schneller und weiter hinaufzuklettern als ihre Peers. Da es vollkommen absurd geworden ist, Karriere zu machen *und* Bestätigung zu erwarten, investieren die Deutschen jetzt all ihre Zeit und Mühe darin, Könige und Königinnen der künstlichen Hierarchien zu werden, die sie selbst geschaffen haben.

Die wichtigste Regel ist, nie die Existenz von Regeln zu erwähnen. Obwohl es so offensichtlich ist, dass das inhärente Regelwerk des elitedeutschen Lebens der Stoff ist, aus dem ihre Realität besteht, haben sie sich so an diese Lebensweise gewöhnt, dass sie die Existenz jeglicher Regeln rundweg bestreiten würden. Manche behaupten sogar das Gegenteil, nämlich dass ihre Art zu leben so viel liberaler, hierarchiefreier und toleranter sei als jeder andere Lebensstil. Als Faustregel gilt: Je öfter Sie Leute darüber reden hören, wie freigeistig, *laissez-faire* und gesetzlos ihre Gruppe sei, desto härter geht es im dazugehörigen Regelwerk zu.

Die schlechte Nachricht ist: Wenn Sie in ein hippes deutsches Viertel gezogen sind, können Sie dem Gesellschaftsspiel nicht entkommen. Sie werden jetzt wahrscheinlich sagen: »Dann kann ich genauso gut versuchen, es zu gewinnen.« Uuups, falsch gedacht, Ausländer! Genau wie bei einem echten Gesellschaftsspiel sollten Sie Ehrgeiz zeigen, aber immer betonen, dass Sie es nur aus Spaß und Gemeinschaftssinn tun. Sie werden vielleicht versucht sein, nur von der Seitenlinie aus zuzusehen, weil Sie zu erwachsen sind, um sich Ihr Leben mit solch pubertärem Kram absichtlich zu verkomplizieren und Ihre wertvolle Freizeit mit vergeblichen Versuchen zu verschwenden, Leute zu beeindrucken, vor denen Sie sowieso keinen Respekt haben können. Schön, tun Sie das, aber kommen Sie dann nicht heulend angerannt, weil Sie als einsamer Nerd enden.

Genau wie bei einem modernen Brettspiel werden Sie entscheiden müssen, als welche Figur Sie spielen wollen. Ähnlich wie bei den »Orks«, »Elfen«, »Kriegern« oder »Zauberern« aus den richtigen Gesellschaftsspielen können Sie aus einer Reihe von typisch deutschen Charakteren auswählen: der »Spießer« (ruhiges, erfülltes Leben, aber ganz unten auf der Hipness-Skala), »Normalo« (Durchschnitt auf allen Gebieten, kommt zurecht, wird Ihnen aber nicht gerade eine aufregende Spielerfahrung bescheren), »ewiger Ausländer« (kann gut zurechtkommen, wenn er genauso handelt, wie es die deutschen Spieler von ihm erwarten, wird aber oft ignoriert oder sogar aus dem Zentrum des Geschehens ausgeschlossen) und schließlich der »Alternative« (automatische Akzeptanz durch die deutschen Mitspieler, gleicht einen eklatanten Mangel bei allen anderen Charakteristika durch ein unbegründetes, aber großspurig zur Schau gestelltes gewaltiges Ego aus). Ein gut gemeinter Rat: Die einzige Figur, für die Sie sich entscheiden sollten, ist der

»Alternative«. Jeder Deutsche, der je die höheren Weihen des Spiels erreicht hat, war ein »Alternativer«. Alternativ zu sein ist die ultimative Blankovollmacht für gesellschaftlichen Erfolg in Deutschland. Wenn Sie alternativ werden, werden Sie merken, dass Ihr Leben in Deutschland sehr viel leichter wird. Schon dadurch, dass Alternative nicht in dem Verdacht stehen, Billigflieger zu nutzen, haben sie viel an Status gewonnen und sind faktisch Deutschlands aktuelle Elite. Nennen wir sie von hier an einfach »Elitedeutsche«.

Deutsche gehen davon aus, dass alternative Leute mit einem tadellosen Charakter ausgestattet sind, einer niedrigen CO_2-Bilanz, einem unkonventionellen, interessanten Alltagsleben und unerschöpflichen Kreativitätsquellen. Selbst die nervigsten, voreingenommensten und verwirrtesten Frauen der oberen Mittelschicht und die überspanntesten, verweichlichtesten, narzisstischsten Jungs bekommen den Stempel der gesellschaftlichen Anerkennung, solange sie sich an das alternative Drehbuch halten.

Ist alternativ zu werden also schwer? Überhaupt nicht. Es ist recht einfach, solange Sie dem oft bestrittenen, aber dennoch umfangreichen Regelwerk dieses Lebensstils gehorchen. Um sich von der Menge abzuheben und wirklich alternativ zu werden, müssen Sie gewisse bindende Richtlinien befolgen, was Lifestyle, Mode, Ansichten und Einstellungen angeht.

Ihr Erscheinungsbild und Auftreten müssen immer leicht aggressiv sein, als wären Sie permanent verärgert über etwas, das um Sie herum vorgeht. Dadurch werden die

Leute sagen: »Wow, ihm oder ihr sind die Themen *ehrlich* wichtig!« Alternative Menschen sind berühmt dafür, eine enorme Fundgrube an »ernsthaft wichtigen Themen« zu hegen, die dazu dient, ihre ständige leichte Verärgerung zu rechtfertigen, und sie dazu legitimiert, andere wegen des kleinsten Vergehens zu schelten. Neben den Klassikern wie Konsumterror und den Übeltaten der amerikanischen Regierung umspannt die Bandbreite der Themen internationale sowie Kommunalpolitik, Gesundheit, die Umwelt, die Medien, ihre Nachbarn, Familien, das Transportwesen, nun ja, eigentlich alles. Um genau zu sein würde es einer Menge von alternativen Deutschen sehr verdächtig vorkommen, wenn Sie auch nur für ein paar Minuten mit sich und der Welt im Reinen schienen. Sich zu verhalten, als wäre man über gar nichts verärgert oder beleidigt, wird als Wesenszug von oberflächlichen Naivlingen gewertet.

Um herauszufinden, wie das Spiel wirklich gespielt wird, beobachten Sie einfach Ihre Mitspieler genau und imitieren Sie sie, so gut Sie können. Ja, richtig, es geht darum, die anderen um Sie herum nachzumachen, aber gleichzeitig zu leugnen, dass das der Fall ist. Sie werden schnell herausfinden, dass das Spiel im Grunde ein bisschen wie Monopoly ist, denn das höchste Ziel ist es, Immobilien zu besitzen, für die Ihre Mitspieler Sie heimlich hassen werden. Ein charmant abgenutztes, geräumiges »Altbau-Loft« mit Parkettboden in der Kastanienallee zu kaufen, mit einem gut erhaltenen Kachelofen und in der Nähe eines rund um die Uhr geöffneten Kiosks und ein paar authentischen Szenekneipen, ist die Berliner Version davon, beim Monopoly ein Hotel in der Parkstraße oder der Schlossallee zu bauen.

Schließlich lieben auch die elitärsten Deutschen Geld genauso wie jeder andere. Sie lieben es sogar mehr als sich selbst. Aber gleichzeitig verlangen ihre gesellschaftlichen Normen von ihnen, »Foul!« zu schreien, sobald der Kapitalismus seinen hässlichen Kopf erhebt, vor allem, wenn es einen von ihnen betrifft. Es kann gut passieren, dass Sie irgendwann so sehr genug davon haben, nach den Regeln dieser lästigen kleinen Deutschen zu leben, dass Sie Ihre Deckung fallen lassen und zugeben, dass dieses dumme Spiel Sie ehrlich langweilt. Das war's dann mit Ihrem gesellschaftlichen Leben.

Sie können kein Elitedeutscher werden, wenn Sie aus dem Spiel aussteigen. Alles, was Ihnen bleibt, ist aufzustehen und nach Hause zu gehen. Kaufen Sie sich eine blonde Perücke und verkleiden Sie sich, so gut Sie können. Sorgen Sie dafür, dass all Ihre Telefonnummern geändert werden, dann packen Sie das Nötigste zusammen und tauchen Sie für ein paar Jahre in den Untergrund ab. Verlassen Sie Ihre Wohnung – nein, setzen Sie sie besser in Brand, um Ihre Spuren zu verwischen. Besorgen Sie sich einen falschen Pass. Wählen Sie einen unauffälligen Namen. Von jetzt an wird man Sie als »Nicki Meier« kennen. Warten Sie bis Einbruch der Dunkelheit, dann gehen Sie zu Fuß mindestens fünfzehn Kilometer durch das städtische Abwassersystem in ein abgelegenes Stadtviertel. Suchen Sie sich eine kleine, fensterlose Einzimmerwohnung in einem riesigen anonymen Gebäude.

Zeigen Sie sich nie wieder an Ihrem alten Arbeitsplatz, in Ihrem Lieblings-Bio-Café oder im Turnschuhgeschäft mit den limitierten Auflagen. Suchen Sie sich stattdessen einen unauffälligen Job in einer nahegelegenen Fabrik und bitten Sie Ihren Chef, Sie nur die Nachtschichten machen zu lassen.

Anspielungsreiches Wochenendgeplauder

Je nachdem, wie gut Sie die deutsche Sprache beherrschen, könnte Sie ein immer wiederkehrendes Ritual von Elitedeutschen mehr oder weniger verwirren – das anspielungsreiche Wochenendgeplauder. Dieses Ritual kann man im Allgemeinen von Montag bis Mittwoch beobachten, oder, wenn man in Berlin wohnt, auch an jedem anderen Tag der Woche. Es braucht dazu eine Gruppe von zwei oder drei Deutschen, die zufällig das vergangene Wochenende zusammen verbracht haben, und eine zweite Gruppe Leute (normalerweise nur Sie), die aus irgendeinem Grund nicht auf derselben Party, im selben Club oder beim selben Konzert war wie die erste Gruppe.

Von Montag bis Mittwoch werden Ihre deutschen Bekannten aktiv nach Gelegenheiten suchen, um Sie in eine Situation zu bringen, die 1. so langweilig ist, dass sie beiläufig ein Gespräch anfangen können, und wo Sie 2. zum Zuhören gezwungen sind, weil Sie sonst nichts zu tun haben. Ein gutes Beispiel für solch eine Situation wäre eine Zugfahrt, Mittagessen oder die Warteschlange in der »Genius Bar«.

Das Ritual beginnt immer gleich: Aus dem Nichts heraus konstruiert einer Ihrer deutschen Bekannten geschickt eine Überleitung von einer trivialen Feststellung zum Thema seiner Wahl. Zum Beispiel:

Deutscher Bekannter: »Oh, ich sehe, du nimmst Tabletten, hast du dich erkältet?«

Sie: »Ja, anscheinend, aber ich nehme nichts Starkes, es ist nur Aspirin.«

Deutscher Bekannter: »Ha! Ich wette, es ist nicht so STARK wie Jürgens WOCHENEND-Medizin ... was, Jürgen? Hähähä ...«

Dann wird Ihr deutscher Bekannter diesem Jürgen einen leichten, ironisch gemeinten Stoß mit dem Ellbogen versetzen, begleitet von wieherndem Gelächter und gefolgt von einem Austausch von süffisanten, wissenden Blicken zwischen Ihren deutschen Bekannten. Schon neugierig geworden? Gut so, denn das ist der ganze Sinn dieses Rituals. Es hört hier allerdings nicht auf. Der Bekannte, der als »Emcee« fungiert, wird jetzt ein paar vage formulierte Fragen stellen, um die Unterhaltung so lange wie möglich fortzusetzen:

Deutscher Bekannter: »Übrigens, Ralf, hast du DIE SMS schon bekommen, du weißt schon, von deiner neuen BESTEN FREUNDIN? Hähähä ...«

Ralf: »Nein, noch nicht, vielleicht hat SIE ja kalte Füße bekommen?«

Deutscher Bekannter: »Hähä, vielleicht. Soll ich dann DIESE ANDERE Person anrufen, von der wir NEULICH gesprochen haben – vielleicht kann sie bei DIESER SACHE ja behilflich sein?«

Ralf: »Nein danke, ich glaube, ich war so verdammt betrunken von unserem neuen Lieblingscocktail, den wir mit Du-weißt-schon-wem getrunken haben ... lassen wir ES einfach DABEI bewenden, wenn du weißt, was ich meine? Hähähä ...«

Deutscher Bekannter: »Ich glaube nicht, dass BETRUNKEN das richtige Wort dafür ist, aber wenn du meinst ... Hähähä.«

Jürgen: »Apropos betrunken, habe ich euch erzählt, was mir VERRÜCKTES auf dem Weg zu der After Party an diesem GEHEIMEN ORT passiert ist?«

Emcee: »Du meinst DIESE AFTER PARTY? Denn irgendwann zwischendurch habe ich den Überblick verloren, auf wie vielen AFTER PARTYS wir waren, vor allem, nachdem wir X bei Y getroffen haben und Z gemacht haben ...«

Das ist der Punkt, an dem allerspätestens zu erwarten ist, dass Sie so vollkommen fasziniert und beeindruckt von den zunehmend undurchsichtigen Andeutungen Ihrer deutschen Bekannten sind, dass Sie es nicht mehr aushalten und ihr Gerede endlich unterbrechen, indem Sie gespannt ausrufen: »Schon gut, hört auf mit dem Quatsch und erzählt mir einfach vom letzten Wochenende!«

Halt, Ausländer! Falsch gedacht! Zunächst einmal müssen Sie verstehen, dass dieses Gespräch offensichtlich nicht dazu dient, tatsächlich Informationen über vergangene Geschehnisse auszutauschen – schließlich haben Ihre deutschen Bekannten das vorherige Wochenende gemeinsam verbracht. Nein, die Szene, die sich vor Ihren Augen abspielt, ist nichts weniger als eine hochentwickelte Form eines Wortgefechts mit dem Ziel, festzustellen, ob eine Person im Raum ist, die möglicherweise ein noch wilderes Wochenende hatte. Indem sie diese Person mit einem endlosen Strom von pikanten Anspielungen reizen, versuchen Deutsche, ihr Opfer zu dem entscheidenden Fehler zu bringen, eine Frage zu ihrem Wochenende zu stellen. Wenn sie Sie erst einmal dazu gebracht haben, dass Sie auch nur einen Hauch von Interesse an ihrer wilden Wochenendgeschichte zeigen, haben sie einen ausreichenden Hinweis für die Annahme, dass Ihr Wochenende weniger wild als ihres gewesen sein muss und dass Sie deshalb die uninteressantere Person sind und mehr Mainstream als sie.

Was ist schon dabei, fragen Sie? Ich will es Ihnen sagen. Unter anderem messen Elitedeutsche gern den Interessantheitsgrad anderer Menschen an der Quantität und Qualität ihrer wilden Wochenenderlebnisse und fühlen sich schnell unwohl, wenn ein Individuum in ihrer Nähe ist, dessen Wildheitsfaktor in Bezug auf das vergangene Wochenende ungeklärt bleibt. Durch die ausgiebige Verwendung von Andeutungen können sie den potentiellen Gegner im Unklaren lassen und ihrem eigenen Wochenende einen mystischen, überlebensgroßen Anschein geben. Deutsche lieben diese Win-Win-Situationen.

Wie können Sie sich aus diesem Zangengriff befreien? Der beste Rat ist, einfach gar nicht auf die stichelnden Anspielungen zu reagieren und ein Pokerface zu wahren, bis Ihre deutschen Bekannten aufgeben und ihr Gespräch im Sande verläuft. Wenn Sie das lange genug durchhalten, wird sich einer Ihrer deutschen Bekannten am Ende Ihnen zuwenden und ungehalten fragen: »Und, was hast du am Wochenende gemacht?« Das bedeutet, Sie haben erfolgreich ihre Lust daran zerstört, sich noch mehr Anspielungen einfallen zu lassen, und haben jetzt die Oberhand. Spielen Sie sie umsichtig aus. Ab hier hängt die ratsame Art der Antwort vom Ort des Geschehens ab. Wenn Sie nicht in Berlin wohnen, können Sie einen leichten Sieg einfahren, indem Sie einfach die »Berlin-Bombe« abwerfen:

»Ach, ich? Ich war am Wochenende in Berlin ...«

Das wird alle weiteren Erklärungen unnötig machen, denn unter Elitedeutschen gilt ein Wochenende in Berlin als a) unmöglich zu toppen, was Wildheit und Dekadenz angeht und b) würde nach Einzelheiten zu fragen sie wie hinterwäldlerische Volltrottel dastehen lassen.

Wenn Sie zufällig in Berlin wohnen, ist das Ganze nicht so einfach. Da es unwahrscheinlich ist, dass Sie in der Lage sein werden, die machiavellistische Entschlossenheit eines Berliners zu übertreffen, ein wildes und trendiges Wochenende zu verbringen, ist der einzige Ausweg eine Notlüge: Erzählen Sie, dass Sie in einem spontanen Anfall von Heimweh nach Hause gefahren sind, um Ihre Familie zu besuchen.

Da im Grunde alle Eliteberliner aus ländlichen Gegenden im Südwesten Deutschlands kommen und oft ernsthafte Zweifel hegen, ob es richtig war, ihre Familien in der Peripherie von Stuttgart zurückgelassen zu haben, ist dies der einzige Weg, um sich etwas Mitgefühl von Ihren deutschen Bekannten zu verdienen und gleichzeitig Ihren Ruf als hipper Ausländer zu wahren, mit dem herumzuhängen möglicherweise von Vorteil sein kann.

Audiovisuelle Medien

Ein wesentlicher Teil des Tages eines jeden Elitedeutschen ist der Konsum von Unmengen von audiovisuellen Medien. Es ist ein so wesentlicher Teil ihres Lebens, dass Elitedeutsche schnell das unangenehme Gefühl bekommen, »nicht auf dem Laufenden« zu sein, wann immer sie eine längere Zeitspanne keine audiovisuellen Medien konsumieren können. Um in ihrem lebenslangen Kampf, interessanter für andere zu werden, Erfolg zu haben, stellen sie einiges an, um »den Durchblick« zu behalten, was die neuesten Musik- und Filmtrends der ganzen Welt angeht. Jeder hippe Deutsche, der etwas auf sich hält, muss mindestens drei oder vier Mal die Woche seinen Lieblingsplattenladen oder Spezial-DVD-Fachverleih besuchen.

In jedem Geschäft, das mit erlesenen audiovisuellen Medien handelt, können Sie einen unerbittlichen Wettstreit zwischen den deutschen Elitekunden über die eigene Beliebtheit bei den Angestellten beobachten. Jeder, der in so einem Laden arbeitet, wird wegen seines weitreichenden Wissens über diese neue Indie-Band auf limitiertem Vinyl oder über jene DVD-Box mit extrem kruden koreanischen Dokumentarfilmen für eine interessante Person gehalten. Mit den Angestellten befreundet zu sein, bedeutet für Ihre deutschen Bekannten, andere Deutsche zu überbieten und früh an neue Ware heranzukommen sowie seltene Ausgaben zu reservieren, die ihre Peers nicht kaufen können.

Immer wenn Sie einen Ihrer deutschen Bekannten in seiner Wohnung besuchen, hört er irgendeine obskure neue Indie-Musik, surft auf IMDb und spielt einen Underground-Film ab, den er gerade heruntergeladen hat – alles zur selben Zeit. Das soll Sie davon überzeugen, dass er oder sie total up-to-date ist, was die aktuellsten subkulturellen Themen angeht, und ein bunt schillerndes, skurriles Leben führt.

Wenn Sie dagegen einen Elitedeutschen überraschend besuchen, wird er sich sehr schnell für das fehlende audiovisuelle Background-Entertainment entschuldigen, und bevor er bereit ist, ein Gespräch anzufangen, muss er zuerst ein paar Minuten damit verbringen, eine iTunes-Playlist zusammenzustellen, die zur Stimmung passt, um dann eilig zu seinen Technics-1210-Plattenspielern zu wechseln, die in elitedeutschen Haushalten zu den Produkten des täglichen Bedarfs gehören, um einen kleinen DJ-Mix von ein paar 80er-Boogie-Vinyls zu machen, die er neulich erbeutet hat, und krönt das Ganze, indem er Ihnen ein paar YouTube-Clips seiner neuesten Kunstinstallationen zeigt. Sie machen allerdings nie das Radio an. Die meisten Radiosender werden mit der »falschen Art von Deutschen« assoziiert. Manchmal wird eine Ausnahme gemacht für ein spätnachts gesendetes, fachspezifisches, unabhängiges Musikprogramm oder Talk-Radio wie das des Deutschlandfunks, den Deutsche dafür verehren, dass er »die Ideale des Journalismus noch nicht über Bord geworfen hat«.

Um sich den Respekt Ihrer deutschen Bekannten zu verdienen, sollten Sie versuchen zu wirken, als hätten Sie ehrliches Interesse an deren Mediensammlung. Dadurch werden sich Ihre deutschen Bekannten großartig fühlen, und Sie kommen in den Genuss einer langen, komplizierten Geschichte über jede dieser hochgeschätzten Anschaffungen, was leicht einen ganzen Abend füllen kann. Wie vorhersehbar und langweilig die audiovisuelle Bibliothek Ihrer deutschen Bekannten auch sein mag: Sie müssen ununterbrochen einen ehrfürchtigen Gesichtsausdruck aufrechterhalten, als hätte Sie der Grad an kulturellem Fachwissen, den dieser Deutsche besitzt, total umgehauen. Ein paar Stunden und mehrere Dosen billiges ironisches Bier später, wenn Sie mit der Müdigkeit kämpfen und nicht noch mehr ertragen können, versuchen Sie, das Gespräch auf Bücher zu lenken. Manchmal bricht das den Willen Ihres deutschen Bekannten, denn seine Büchersammlung ist im Allgemeinen ziemlich klein und überschaubar. Beten Sie, dass er keine Bildbände über trivialen, pubertären Kram (also Banksy) besitzt.

Sofern Sie nicht in einem peinlich neuen Haus wohnen oder Ihr Stadtviertel zu weit außerhalb liegt, um es bequem mit dem Fahrrad zu erreichen, ist es wahrscheinlich, dass Ihre deutschen Bekannten ab und zu bei Ihnen vorbeikommen werden. Elitedeutsche lieben es, etliche Freunde aus dem Ausland zu haben, die ihnen etwas über die neuesten

audiovisuellen Medien in ihrem Land beibringen können, damit sie wiederum interessanter für andere Deutsche werden, weil sie so viel über fremde Kulturen wissen. Es ist unbedingt notwendig, dass Sie immer darauf vorbereitet sind, Ihren Bekannten eine umfangreiche Sammlung an hippen audiovisuellen Undergroundmedien aus Ihrem Heimatland zu liefern, die Sie wie zufällig in Ihrem *Expedit*-Regal anordnen müssen. Nehmen Sie diese Aufgabe nicht auf die leichte Schulter – Deutsche lieben es, in fremden Kulturen versiert zu sein, und wenn Sie sich nicht ernsthaft anstrengen und recherchieren, welche audiovisuellen Medien Sie ihnen zeigen können, ist es wahrscheinlich, dass sie sie schon gesehen oder gehört haben, oder, im schlimmsten Fall, eine schlechte

Kritik darüber in ihrem bevorzugten, überaus leidenschaftlichen Indie-Musikmagazin gelesen haben. Wenn das auch nur einmal passiert, verlieren Sie jeglichen Respekt, den Sie sich bis dahin erworben haben, und finden sich auf »Feld eins« des Spiels wieder. Passen Sie auf: Feld eins wird ansonsten nur von Afrikanern um die 40 bevölkert, die bei der Stadtreinigung arbeiten, sowie von übergewichtigen Touristen aus dem Mittleren Westen der USA.

Geben Sie niemals zu, dass Sie in Wahrheit überhaupt nicht sonderlich an audiovisuellen Medien interessiert sind. Für Deutsche ist das eine verräterische Eigenschaft von schlechten Menschen wie Adolf Hitler oder schlimmer, denn sogar der hatte eine riesige Wagner-Sammlung in trendigem »Old school«-Vinyl, mit diesen »hübschen Pappcovern, die man sich ansehen kann, viel schöner als diese kleinen CDs«. Sie müssen dafür sorgen, dass Sie niemals ohne irgendeine Art von audiovisuellem Medium im Hintergrund erwischt werden. Elitedeutsche assoziieren Sie sonst sofort mit diesem verrückten Serienkiller aus dieser seltenen, importierten Takashi-Miike-Blue-Ray, die sie neulich gesehen haben: die, in der man ständig diesen verrückten Serienkiller in einem stillen Raum sitzen und über Wer-weiß-was nachdenken sieht. Ihr gesellschaftliches Leben wäre ein für alle Mal vorbei, und Sie würden vermutlich ziemlich oft die Mailbox erwischen, wenn Sie versuchen, Ihre ehemaligen deutschen Bekannten zu erreichen.

Berlin

Wenn Sie jung und leicht zu beeindrucken sind und sich für eine ziemlich großartige und einzigartige Person halten, dann ist es höchst wahrscheinlich, dass Sie schon darüber nachgedacht haben, Berlin zu besuchen oder sogar dort zu leben. Für unglaublich einzigartige Menschen wie Sie gibt es wahrscheinlich keinen besseren Weg, Ihre Individualität auszudrücken, als an einen hippen Ort zu ziehen, wohin viele ähnliche Menschen in letzter Zeit schon gezogen sind. Es muss eine Art telepathischer Lockruf sein, den nur die nonkonformistischsten Menschen der Welt hören und der sie nach Berlin zieht, wo sie zusammenkommen, um diesen etwas faden und charakterlosen Ort zur aufregendsten, nonkonformistischsten Stadt der Welt zu machen. »Es ist wirklich aufregend und mysteriös, wie New York in den 70ern«, sagen die Leute. Oft stellt sich bei näherer Betrachtung heraus, dass diese Leute alle gebürtige New Yorker sind, die den Berlin-Hype nur als Notlüge erfunden haben, die sie den Massen von Hipstern aus dem Mittleren Westen der USA erzählen, um sie davon abzuhalten, Brooklyn weiter zu luxussanieren. Viele von ihnen sind nach Berlin gegangen und scheinen dem Hype immer noch zu glauben, denn sie wurden mit mehr Respekt behandelt als in jeder anderen

Stadt zuvor. Berliner fühlen sich bis jetzt sehr geschmeichelt von der neugewonnenen Popularität ihrer Stadt bei selbsternannten, wenn auch tragisch erfolglosen Künstlern, und drücken ihr Entzücken aus, indem sie sie in der S-Bahn ungläubig anstarren. Bedeutet das, dass Sie das Leben in Berlin wirklich lieben werden? Das hängt allein von Ihnen ab. Berlin ist nicht wie jede andere Hauptstadt der Welt. Einfach alles daran ist anders, auf eine postmoderne, nonkonformistische und superspannende Art. Das bedeutet, Sie müssen Ihre überholte Vorstellung davon korrigieren, was eine wirklich große Stadt ausmacht. Offen gesagt ist Berlin nicht unbedingt eine gigantische Stadt. Ein kurzer Check auf

Wikipedia zeigt, dass die Großstadtregion Berlin, was Bevölkerungszahl und Fläche angeht, gerade einmal auf Platz 100 der Welt rangiert, mühelos geschlagen von Manchester (67), Barcelona (73) und sogar Phoenix, Arizona (86). Bei jedem Uneingeweihten könnte das sehr wohl Zweifel wecken, ob Berlin vielleicht lediglich eine hochgejubelte mittelgroße Stadt ist, die sich nie ganz von den Nachwirkungen des Zweiten Weltkriegs und ihrer Teilung erholt hat. Ihre Enttäuschung könnte sogar noch beträchtlicher werden, wenn Sie versuchen, einen Flug dorthin zu buchen, denn das können Sie nicht. Berlins süßer kleiner Flughafen ist ausschließlich für Billigflieger reserviert, um Clubfanatiker und Komasäufer aus dem ganzen United Kingdom einzufliegen, die dem Berliner Nachtleben dieses unwiderstehliche Essex-Flair verleihen. Das Fehlen eines Interkontinentalflughafens erweist sich für Deutsche als günstig. Flugreisen sind schließlich nichts als unnötiger Luxus, nur von egoistischen Yuppies am Leben erhalten, die sich für Bahnreisen zu schade sind. Züge dagegen werden kurioserweise auch noch von den erbittertsten deutschen Umweltschützern favorisiert. Folglich ist für jeden erfahrenen Berliner die bevorzugte Art, in die Stadt seiner Träume zu reisen, die Deutsche Bahn. Deutsche haben eine sehr romantische Beziehung zu Zugreisen. Es versetzt sie in eine intime Situation, in der man ihnen unhöfliches Verhalten durchgehen lässt, zum Beispiel ihre Mitreisenden anzustarren und Fremde anzuquatschen (was ihnen das Gefühl gibt, gesellschaftsbewusste Schriftsteller zu sein, die über die »Welt des Durchschnitts-

menschen« recherchieren). Sehr oft werden Sie einen Ihrer deutschen Bekannten verkünden hören, wie er neulich diesen unglaublich interessanten alten Mann auf einer langen Zugfahrt von Pforzheim nach Berlin kennengelernt hat, der all diese skurrilen und erhellenden Geschichten zu erzählen hatte, und wenn er nur ein neueres MacBook-Modell hätte, hätte er keine Sekunde gezögert, ein Drehbuch über diese intensive Zugfahrt zu schreiben. Wenn Sie am Bahnhof Zoo ankommen, lassen Sie sich nicht von der Vorstadt-Szenerie irritieren. Wenn Sie dem Hype geglaubt haben und Berlin als einen großen, furchterregenden Asphaltdschungel gesehen haben, werden Sie überrascht sein von der vollkommenen Abwesenheit hoher Gebäude, ethnischer Vielfalt, Verkehrsstaus oder geschäftiger Shoppingmeilen. Es gibt nicht einmal eine Rushhour. Niemand in Berlin scheint es je eilig zu haben. Erfahrene Berliner hingegen weisen darauf hin, dass das eigentlich eine gute Sache sei für eine Großstadt, die sich im Wettstreit mit New York, London oder Paris sieht. »Klingt langweilig«, sagen Sie? Fassen Sie sich mal lieber an die eigene Nase! Eine Regel, wenn man ein vollqualifizierter Berliner werden will, ist, niemals die Stadt zu kritisieren. Um sich dem Inner Circle von Berlin Mitte anzupassen, müssen Sie diese Regel immer befolgen. Ein falscher Zungenschlag, eine Erwähnung von etwas, was Sie in einer größeren Stadt getan haben, was Sie in Berlin nicht tun konnten, oder eine verpasste Vernissage in einer Pop-Up-Guerilla-Kunstgalerie und Sie werden für immer ausgestoßen. Denken Sie daran: Die Schuld an Ihrer Langeweile in Berlin kann nur bei Ihnen liegen, weil Sie einfach nicht bereit sind für den *Paradigmenwechsel*, den Berlin dem internationalen Kreis der Großstädte beschert hat. Kurz gesagt, Sie werden Berlin nie »kapieren«. Aber keine Angst, Elitedeutsche, und mehr noch Berlins kundige Expats, werden Ihnen nur zu gerne selbstgefällige, wichtigtuerische Vorträge darüber halten, warum Berlin sich nicht wie eine Großstadt anfühlt, dass aber sein Reichtum an »interessanten, nonkonformisti-schen Künstlern aus aller Welt« Berlin zu der »sich ständig verändernden Hauptstadt der Counter-Culture macht, einem lebenden Organismus, der ständig in Bewegung ist, wächst, sich entwickelt, sich verändert und unaufhörlich mutiert und neue, dynamische Lebensformen schafft, die sich teilen und wieder zusammenwachsen, um neues Leben hervorzubringen«.

Seien Sie darauf vorbereitet, diese Litanei oft zu hören. Immer noch ratlos? Vergessen Sie die Wolkenkratzer und all diesen unintellektuellen, geldorientierten Unsinn, den Sie normalerweise mit Urbanität verbinden würden. Eliteberliner lieben ihre Stadt genau für dieses Fehlen von Manifestationen des Kapitalismus, mit der selten erwähn-ten Ausnahme von modernen Krankenhäusern, Hartz IV, geerbtem Grundbesitz und »Serato Scratch Live«. Erst wenn Sie bereit sind, Ihre überholten Ansichten über Urbanität aufzugeben, werden Sie offen genug sein, um Berlins wahren Vorzug zu erkennen: seinen Mangel an Vielfalt. Jeder, der hier lebt oder plant, hier zu leben, fällt in eine der folgenden Kategorien:

- Techno-DJs, Techno-Produzenten und Techno-Konsumenten aus aller Welt, die es so satthatten, für ihr ulkig veraltetes Festhalten an einer müden 90er-Jahre-Tanzmusik-Eintagsfliege angemacht zu werden, dass sie keinen anderen Weg fanden, ihren Lifestyle aufrechtzuerhalten, als in die eine Stadt auf der Welt zu ziehen, wo er wie in einem Museum konserviert wird.

- Noch unentdeckte, nach Aufmerksamkeit hungernde Musiker, Maler, Schriftsteller und Modedesigner aus Kansas, Ohio, Montana und Milwaukee, die keinen anderen Weg sahen, ihre Jugend zu verlängern, als in das spottbillige Berlin zu ziehen, weil ihre wohlhabenden Anwaltseltern keine Lust mehr hatten, ihnen das überteuerte Apartment zu Hause in Williamsburg, Brooklyn zu bezahlen.

- Anorektische skandinavische Kunststudenten mit asymmetrischen Haarschnitten und schrillem, wenn auch etwas vorhersehbarem Sinn für Mode, die ein Schild tragen, auf dem steht: »Please look at me« und die ihre Tage damit verbringen, vor einer charakteristisch heruntergekommenen Mitte-Kulisse für geheime Fashion-Blogs zu posieren, wie intergalaktische Modesoldaten, die gerade von »Planet Now« heruntergebeamt wurden.

- Berliner, die an den Hype glauben. Eine Gruppe, die einen beträchtlichen Teil ihres Tages damit verbringen, aufrührerische Beiträge in solchen Internetforen, Blogs oder auf Nachrichten-Websites zu posten, die Meinungen abbilden, die nicht absolute Ehrfurcht für Berlin ausdrücken, oder schlimmer noch: positiv über München sprechen.

Ist das nicht großartig? Aufgrund der Tatsache, dass in Berlin jeder auf genau dieselbe Art anders ist, können Sie es an einem einzigen kurzen Nachmittag erkunden. Jetzt müssen Sie nur noch eine Weile bleiben und zusehen, wie Ihr blauäugiger Enthusiasmus sich in selbstgefällige, wichtigtuerische Verzweiflung verwandelt, weil Sie 1. keinen angemessen vergüteten Job finden, weil Sie 2. wegen Berlins sechsmonatigem Winter und nichtexistentem Sommer ernsthafte Depressionen entwickeln und weil Sie 3. von Berlins Nightlife-Ritualen bald so ausgelaugt sein werden, dass Sie am Ende keine andere Wahl haben als sich selbst als Künstler zu bezeichnen und für den Rest Ihres Lebens nichts von irgendwelcher Bedeutung zu tun. Aber keine Angst, es wird immer eine Menge leicht zu beeindruckender Menschen aus aller Welt geben, die immer noch zu Ihnen aufsehen, denn schließlich haben Sie zumindest noch eines, woran Sie sich festhalten können: Sie sind jetzt ein Berliner.

Cafés

Deutsche lieben es, literweise italienische Kaffeespezialitäten zu trinken, am Wochenende sieben Stunden lange Früh-
stückssitzungen zu veranstalten und Leute anzustarren, die
sie nicht kennen. Es gibt keinen besseren Ort, um all diese
Tätigkeiten zu kombinieren, als ein Café. Folglich streben
Deutsche pausenlos danach, die Zeit zu maximieren, die sie
in Cafés oder in Lounges verbringen. Lounges sind Cafés, die
so hergerichtet sind, dass sie aussehen wie der Wartebereich
eines Flughafens.

Während das Herumhängen an öffentlichen Orten zu
einer Hauptbeschäftigung für Deutsche geworden ist, kann
man bei ihnen auch einen natürlichen Drang beobachten,
sich von den Massen abzuheben. Sie sehen keinen Sinn darin, einfach in irgendein nahegelegenes Café zu gehen, um
sich einen schnellen Schuss Koffein zu holen. Das würde allgemein als langweilig und fantasielos betrachtet. Der »Café-
Lifestyle« eines Deutschen ist das Endresultat einer langen
Phase wohldurchdachter Planung. Ein berühmtes deutsches
Sprichwort sagt: »Das Café ist die Bühne des Lebens«, was –
so allgemein und doch pathetisch es klingen mag – ziemlich
gut zusammenfasst, wie viel hier auf dem Spiel steht.

Man wird maximal drei Tage nach Ihrer Ankunft in

Deutschland von Ihnen erwarten, dass Sie ein »Lieblings-café« haben. Von diesem Moment an wird es das einzige Café sein, in das Sie gehen können. Wenn Sie ins richtige Stadtviertel gezogen sind, stehen die Chancen gut, dass es eine Menge passender Cafés in Laufweite (vorzugsweise auch Fahrradweite) gibt. Wenn Sie ahnungslos sind, habe ich ein paar Tipps für Sie: Das Café, das Sie suchen, darf nicht zu einer seelenlosen Kette gehören. Im Gegenteil: Es muss in Privatbesitz sein, und das Gebäude ein Altbau aus der Jugendstilära. Der Name des Cafés ist normalerweise ein Hinweis auf seine Beliebtheit bei den hippen Deutschen: Frauennamen wie »Charlotte«, »Emma« oder »Clara« sind eine sichere Sache. Weitere Favoriten sind Namen mit einem linksgerichteten, leicht politischen Klang, wie »Frida Kahlo« oder »Café Che«. Es könnte passieren, dass Sie versehent-lich ein »Omacafé« für das richtige Café halten. Wenn Sie tatsächlich ein Omacafé betreten (Sie werden eine Menge ältere Frauen in Kleidern mit Tigermuster sehen, die Karten spielen und Windbeutel essen), versuchen Sie es zu kompen-sieren, indem Sie sagen: »Klar, es ist ein totales Omacafé, aber irgendwie mag ich die Atmosphäre, und Omas haben echt Geschmack, was Kuchen angeht. Außerdem finde ich es toll, dass ältere Leute sich extra gut anziehen, wenn sie ausgehen, sie sind wirklich in vornehmeren Zeiten aufge-wachsen.«

Wenn Sie es geschafft haben, ein vielversprechendes Café zu finden, achten Sie auf einige Schlüsselmerkmale: Es sollte nichts Neues geben, bis auf die riesige italienische

Profi-Espressomaschine und die aktuelle »Süddeutsche Zeitung«. Parkettboden und alte Holzmöbel sind ein Muss. Bonuspunkte gibt es, wenn die Möbel aussehen, als wären sie von einem verstaubten Dachboden gezogen worden und stünden ohne bestimmten Zweck herum. Versuchen Sie, einen freien Tisch zu finden. Es wird ein antikes Sofa geben – kommen Sie ihm nicht zu nahe! Selbst wenn es nicht besetzt ist, gibt es in Deutschland ein ungeschriebenes Gesetz, dass das Sofa für Stammgäste reserviert ist, wie zum Beispiel für den Typ, der das Logo des Cafés designed hat. Achten Sie darauf, vorsichtig über die Fahrzeugkolonne der Kinderwagen und Buggys zu steigen, ohne die Eltern – erkennbar an den Partnerlook-Latzhosen – böse anzusehen.

Wenn Sie sitzen, lassen Sie sich Zeit beim Studieren der Speisekarte. Wenn Sie meinen, ein »Lieblingscafé« gefunden zu haben, mit dem Sie Ihre deutschen Bekannten beeindrucken können, ist es entscheidend, was Sie dort bestellen, damit Ihr Erfolg nicht gleich wieder dahin ist. Am Wochenende ist Frühstück ein Muss, egal zu welcher Tageszeit. Machen Sie sich aber keine Sorgen, denn in Deutschland kann Frühstück jedes beliebige Essen sein, solange Kaffee dazu serviert wird. Sie werden vielleicht feststellen, dass auf der Karte Speisen stehen, die normalerweise als plump und unzeitgemäß betrachtet werden, wie zum Beispiel »Wurst«. So etwas im *richtigen* Café auf ironische Art zu essen ist nicht nur akzeptabel, sondern wird als hip und lässig begrüßt.

Die Kaffeebestellung muss mit besonderer Umsicht geschehen. Wenn Sie keine Ahnung von Kaffeesorten haben,

hören Sie JETZT auf zu lesen und machen Sie sich auf den Weg zu einer Buchhandlung, um sich Fachlektüre zu diesem Thema zu besorgen. Die Auswahl wird groß sein. Wenn Sie dann fließend die Sprache des Koffeins sprechen, stellen Sie sich eine »Kaffee-Coolnesspyramide« vor mit »Latte Macchiato« ganz unten. Latte Macchiato war schon Mitte der 90er ein Lieblingsgetränk, aber dann wurde es von der »falschen Sorte Deutscher« aufgegriffen. Dankenswerterweise entdeckten Deutsche den »Galao«, was genau dasselbe Getränk ist, nur aus Portugal. Setzen Sie Galao über Latte Macchiato in unserer imaginären Pyramide. Die nächste Stufe ist überraschenderweise einfacher Espresso. Viele Deutsche, die von anderen Deutschen für »cool« gehalten werden, haben aufgehört, sich Gedanken zu machen, was die aktuell angesagte Kaffeespezialität ist, und bestellen jetzt einfach Espresso. Das gibt ihnen die Aura des Besonderen, Lässigen und kulturell Versierten. Die Spitze der Pyramide jedoch wäre, »einfach eine Tasse Filterkaffee« zu bestellen. Nicht, weil Sie ihn mögen, sondern um zu zeigen, dass Sie ein avantgardistischer Intellektueller sind, der zu besonders ist, um irgendwelchen Trends zu folgen. Das ist etwas für Erfahrene und empfiehlt sich nicht für Neuankömmlinge in Deutschland. Wenn Sie es auf die falsche Art machen, werden Sie als unkultivierter »Proll« angesehen, und Ihre Chancen, sich den Respekt Ihrer deutschen Bekannten zu erwerben, verringern sich erheblich. Ersatzweise können Sie Bier bestellen (damit vermitteln Sie den Eindruck, mit der Arbeiterklasse verbunden zu sein, wie ein armer, aber bril-

lanter Künstler), oder Bionade, das ist Anti-Amerikanismus
in Flaschen.

Was den Zeitvertreib in Cafés angeht, werden Sie noch
einmal überdenken müssen, was Sie in Cafés in Ihrem Heimatland immer gern getan haben. Es widerspricht total den
guten Sitten, sich einfach nur gerade auf Stühlen gegenüber-
zusitzen, Kaffee zu trinken, zu reden und nach 40 Minuten
wieder zu gehen. Damit würden sich die Deutschen um Sie
herum sehr unbehaglich fühlen. Lernen Sie stattdessen, das
Café als Ihr Wohnzimmer zu sehen. Frauen sind aufgefordert, ihren Säuglingen offen die Brust zu geben, damit alle
Anwesenden sich ihrer eigenen Toleranz versichern können.
Seien Sie sich darüber im Klaren, dass die Nutzung des Cafés
als Büro nur akzeptabel ist, wenn Sie im Bereich Design, Musik, Mode, Kunst oder Architektur arbeiten und dazu einen
Laptop von Apple benutzen. Wenn Sie zufällig aus einer
Gegend kommen, die Deutsche mit toller Indie-Musik asso-
ziieren, sollten Sie eine eigene Sammlung wenig bekannter
Indie-CDs mitbringen und sie dem Barista reichen, damit
er sie einlegen kann. Ihre deutschen Bekannten werden es
Ihnen danken, dass Sie sie mit ein paar angesagten neuen
Indie-Bands vertraut machen, die sie noch nicht kannten.

Fühlen Sie sich nicht zu Smalltalk verpflichtet. Auch
wenn Sie mit anderen Leuten herkommen, ist es vollkommen in Ordnung, sich nur um einen Tisch zu gruppieren und
Bücher oder Zeitungen zu lesen oder SMS-Nachrichten zu
schreiben. Schließlich werden Sie mehrere Stunden hier verbringen. Es ist nicht unüblich für Elitedeutsche, von 12 Uhr

mittags bis 12 Uhr nachts am selben Ort zu bleiben und dort zu frühstücken, zu Mittag und zu Abend zu essen. Wenn Sie mit Leuten interagieren müssen, schlagen Sie ein kompliziertes deutsches Gesellschaftsspiel mit massenhaft Regeln vor. Wenn Sie sich dafür entscheiden, eine Zeitung zu lesen, sagen Sie etwas wie: »Es ist so toll, die Zeit zu haben, die Zeitung mal von vorn bis hinten durchzulesen, das sollte man viel öfter machen«, woraufhin Ihre deutschen Bekannten mit versonnenem Blick bestätigend nicken werden.

Sie werden bemerken, dass jedes Mal, wenn jemand das Café betritt, alle aufhören mit dem, was sie gerade tun, und diese Person längere Zeit anstarren. Im Raum wird es merklich ruhiger werden, bis die neue Person einen freien Tisch gefunden und etwas bestellt hat. Die Mehrheit der Deutschen hat irgendwann ein Semester Psychologie studiert, deshalb haben sie Freude daran, Fremde danach zu beurteilen, wie sie aussehen und welche Sorte italienischen Kaffee sie trinken.

Wenn die Temperatur über zehn Grad Celsius liegt, ist es zu jeder Jahreszeit Pflicht für Deutsche, nur im T-Shirt draußen zu sitzen. Das liegt daran, dass ein spezielles Gen in ihrer DNS ihre Körper unempfindlich gegenüber niedrigen Temperaturen macht. Wenn die Sonne scheint, gibt es keine Temperaturuntergrenze. Wenn Sie Angst haben, sich eine Lungenentzündung zu holen, was Sie vermutlich tun werden, und eine Stunde lang lahme »Du bist so ein Warmduscher!«-Scherze vertragen, sollten Sie sich an dieser Stelle wohl eine Jacke überziehen, denn Sie werden sowieso niemals so unempfindlich gegenüber kühlem Wetter werden wie die Deutschen.

Ein zusätzlicher Rat für Leute in einer frischen Beziehung mit einem Deutschen: Wenn Sie eines Tages neben dem Objekt Ihrer Begierde aufwachen, dann laden Sie ihn/sie doch in den nächsten Zug nach Paris ein, um in einem typischen »Café Parisien« zu frühstücken, gefolgt von einem faulen Tag, an dem Sie auf Flohmärkten Strickhüte aufprobieren könnten, original französisches Baguette und Biowein kaufen und alte Freunde Ihres deutschen Schwarms besuchen, mit denen er/sie auf die Kunstakademie gegangen ist und die jetzt ein Praktikum bei einer berühmten französischen Luxusmarke machen.

China

40 In ihrem beständigen Streben, kosmopolitischer als ihre Peers zu erscheinen und ihre anfälligen Egos zu pflegen, erzielen Elitedeutsche gute Resultate, indem sie sich sinnlos mit irgendeinem externen Objekt identifizieren, oft mit einem fremden Land. Jeder Ihrer neuen deutschen Bekannten, der irgendwann einmal länger als zwei Wochen am Stück in einem anderen Land war, wird von seinen Peers bereitwillig als Experte anerkannt – und was vielleicht noch bemerkenswerter ist: Er wird diese Aufgabe ohne wesentliche Selbstzweifel übernehmen.

Zwischen Woodstock und den 1980ern waren die Vereinigten Staaten der bevorzugte Ego-Stellvertreter für Elitedeutsche. Bis die 80er sich ihrem Ende neigten, wurde die Identifizierung mit der amerikanischen Popkultur jedoch von »langweiligen Mainstream-Leuten« wie BWLern, Anwälten und Bankern übernommen, und die Elitedeutschen waren plötzlich gezwungen, alle Kreativität zu versammeln, die sie aufbringen konnten, und sich nach einem anderen, unbekannteren Land umzusehen, mit dem sie eine künstliche Beziehung eingehen und sich den lästigen »Normalos« gegenüber wieder überlegen fühlen konnten. Die Elitedeutschen haben den berufstätigen Deutschen diese Vertreibung aus dem Paradies nie verziehen und nehmen sie ihnen heute noch übel.

Abgesehen von Indiens 15-Minuten-Ruhm dank der Bollywood-Filme war danach das Land Nummer eins Japan – eine verlässliche Quelle unbekannter und hipper Kultur, die weiße Menschen auf der ganzen Welt falsch verstehen, klauen und übertreiben konnten, und Deutsche waren da keine Ausnahme. Das Alleinstellungsmerkmal von Japan war immer schon seine Undurchsichtigkeit. Anders als bei den bis ins letzte Detail durchdrungenen USA konnten Elitedeutsche damit rechnen, dass Japan sie mit einer Vielzahl an hippen und trendigen kulturellen Leckerbissen versorgte, mit denen sie ihre Peers beeindrucken konnten. Die halbgare Sachkenntnis eines Deutschen anzuzweifeln oder zu bestreiten war keine leichte Aufgabe, denn Reisen nach Japan waren immer ausreichend mühsam und teuer. Zudem wurde der selbsternannte Japanexperte durch die gesellschaftlichen Konventionen der deutschen Elite geschützt: Öffentlich belanglose Kleinigkeiten anzuzweifeln wie »Mann, kein Japaner isst ernsthaft den Ingwer, der mit dem Sushi serviert wird – das ist soooo überhaupt nicht authentisch, weißt du«, hätte den Bloßsteller als neidisch und kompliziert erscheinen lassen.

Wenn Sie jetzt denken: »Super, dann kann ich also meine deutschen Bekannten damit beeindrucken, dass ich ihnen alles über diese total C-R-A-Z-Y und unglaublichen Dinge erzähle, die mir während meines Aufenthalts als Englischlehrer in Tokio passiert sind«, wird Sie das Folgende enttäuschen:

Sie sind viel zu spät dran, Mann! Die Elitedeutschen waren schon wieder gezwungen, jedes Interesse an Japan, dem ehemaligen Paradies des Rätselhaften, zu leugnen. Seit das Internet dank neuer Technologien wie dem iPhone zunehmend allgegenwärtig wurde, kann jedes Mitglied des Pöbels jetzt innerhalb von Sekunden ganz leicht jede Aussage des deutschen Experten auf ihren Wahrheitsgehalt überprüfen. Weil fast 100 Prozent der Vorstellungen Ihrer elitedeutschen Bekannten von Japan natürlich durch ihre westliche Erziehung verzerrt sind, würde, sich eine objektive Meinung zu verschaffen, ein wahres Interesse an der Kultur erfordern, das über Essen, skurrile Begegnungen und künstlerisch wertvolle Underground-Filme hinausgeht. Da Elitedeutsche immer eine Aura von Unverbindlichkeit ausstrahlen müssen, scheuen sie normalerweise vor allem zurück, das echten Einsatz erfordern würde oder als nicht-ironisches Strebertum aufgefasst werden könnte.

Der Niedergang von Japan als Quelle Nummer eins der Überlegenheit durch Rätselhaftigkeit wird von den meisten fortschrittlichen Deutschen sogar mit Beifall begrüßt. Viele Aspekte der japanischen Kultur waren eigentlich nie mit der Weltsicht dieser Leute kompatibel – du meine Güte, sie hat sogar einige der am höchsten angesehenen Vorstellungen von Elitedeutschen ins Lächerliche gezogen:

- Sie schert sich einen Scheiß darum, was Greenpeace vom Walfang hält und rechtfertigt das mit so lahmen Begriffen wie »kulturelle Unterschiede«. Ja, richtig – in manchen Fällen machen auch Deutsche eine Ausnahme von ihrer übertoleranten Einstellung zu kulturellen Unterschieden.

- Neue Technologien werden schnell angenommen, statt einen ironischen Retro-Lifestyle anzustreben, mit 70er-Jahre-Fernsehern aus Leder und Leica-Kameras, die sechs Kilo wiegen.

- Es gibt in Japan Verkaufsautomaten mit benutzten Schulmädchenschlüpfern, damit schmutzige alte Männer sie kaufen können. Okay, die haben vermutlich nie existiert, aber langweilen Sie Ihre deutschen Bekannten nicht mit so nervtötender Detailverliebtheit.

- Japan ist im besten Fall desinteressiert an der sozialen Absicherung von Bürgern zwischen 30 und 50, die freiberuflich im »Design« arbeiten. Stattdessen werden uncoole und wahrscheinlich reaktionäre Ideale glorifiziert, wie »harte Arbeit« und »viel Geld in der Geschäftswelt verdienen«.

- Sorgloses und überflüssiges Verpacken von Gegenständen in Plastik, um diese dann in eine weitere Plastiktüte zu stecken, nur um sie, Sie ahnen es, noch einmal in Plastik zu packen. All dieses böse Plastik! Der Gedanke allein lässt Elitedeutsche angewidert schaudern.

- Dramatische Ignoranz von Takashi Miike, dem wichtigsten japanischen Filmregisseur aller Zeiten, zumindest, wenn es nach den Elitedeutschen geht.

- Keine Bedenken, was absolut böse Dinge wie Kapitalismus, Konservatismus oder Haifischflossensuppe angeht.

Es ist leicht zu erkennen, warum die Beziehung der Elitedeutschen zu Japan immer schwierig war. Zum Glück haben die Deutschen erst vor Kurzem einen neuen, aufstrebenden Spieler auf dem globalen Markt entdeckt, mit dem sie sich prätentiös identifizieren können: China.

Der Übergang zu China als der neuen Supermacht der obskuren Subkultur zur Aufwertung westlicher Egos ist eine spannende Sache für Elitedeutsche. Was aber am wichtigsten ist: China kann immer noch als kommunistisches Land betrachtet werden. Seit der Assimilierung von Ostdeutschland und dem Ausverkauf von Kuba haben Elitedeutsche die Hoffnung nie aufgegeben, dass der Kommunismus wiederkehren und sie mit weiteren Produkten versorgen wird, die einen amateurhaften und doch unwiderstehlichen »Planwirtschafts«-Charme besitzen und demzufolge ein mächtiges Symbol gegen den Kapitalismus sind und die eigene Individualität auf charmante Weise hervorheben.

»Warte mal«, mögen Sie vielleicht sagen, »Deutsche hassen China wegen seiner Tibetpolitik.« Nun, nicht notwendigerweise. Elitedeutsche lieben es, bei politischen Themen fremder Länder Partei zu ergreifen. Auf Partys darüber zu sprechen, an sonnigen Samstagnachmittagen dagegen zu protestieren und das ganze Schlamassel dann schnell wieder zu vergessen, ist ein wichtiger Aspekt des politischen Lebens jedes Elitedeutschen. Folglich wäre eine komplett fehlerlose politische Bilanz sogar schädlich für Chinas Aufstieg an die Spitze. Es gäbe keinen Grund, sich aufzuregen. Deutsche hassen es, wenn sie keinen Grund haben, sich aufzuregen.

Doch die attraktivste Eigenschaft von China ist seine Zensur des Internets. Elitedeutsche können sich sicher sein, dass ihre dreisten Übertreibungen über ihre Erlebnisse in China nicht so einfach widerlegt werden können von, nun ja, von jedem, der weiß, wie man Google benutzt.

Es empfiehlt sich sehr für Sie, lieber Ausländer, keine Zeit mehr zu verlieren und das Geheimnis, das China immer noch umgibt, zu Ihrem Vorteil zu nutzen. Es ist ein todsicherer Weg, Ihre deutschen Bekannten zu beeindrucken. Jetzt ist es Zeit, eine Basis zu legen für Ihre Behauptung, Experte zu sein in allem, was chinesisch ist. Wenn Sie einer der armen Loser sind, die arbeiten müssen oder nicht die finanziellen Mittel haben, drei Wochen in Shanghai zu verbringen, habe ich hier ein paar Hinweise, die Sie in Ihren Alltag einbauen können. Fragen Sie Ihre deutschen Bekannten, ob sie mit Ihnen in dieses interessante neue chinesische Restaurant gehen wollen, das Sie neulich entdeckt haben, und probieren Sie ein paar der folgenden Ankündigungen mit ernstem und offenem Blick aus:

»Dieses Sichuan-Restaurant ist schon okay, aber damals in China waren wir echt süchtig nach der kantonesischen Küche. Ich schätze, in ein paar Jahren werdet ihr die hier auch haben.«

»Dass es hier in Kreuzberg keinen richtigen Yumcha-Laden

gibt, ist echt eine Schande. Ups, ich glaube, bei euch sollte ich lieber den Laienausdruck ›Dim Sum‹ benutzen ... nennt ihr das hier nicht immer noch so?«

»Damals in Shanghai wurde ich eingeladen, ein bisschen elektronische Musik in diesem total heftigen Nachtclub voller russischer Ölbarone und ihrer Modelfreundinnen aufzulegen. Eine strange Szene, ich weiß, aber auch eine total surreale Erfahrung. Ihr hättet dabei sein müssen.«

»Ich habe einen riesigen Stapel DVDs mit total unbekannten Filmen von diesen echt obskuren, aber genialen chinesischen Regisseuren mitgebracht. Ein Teil von mir will euch davon erzählen, aber andererseits will ich diese großartigen, authentischen Menschen auch irgendwie vor dem westlichen Auge schützen und davor, letztendlich von Hollywood verdorben zu werden ... lasst mich noch eine Weile darüber nachdenken, fragt mich einfach zu einem späteren Zeitpunkt noch einmal, dann weihe ich euch vielleicht in das Geheimnis ein.«

Machen Sie sich keine Sorgen, dass Sie klingen könnten wie ein lächerlicher Idiot. Ihren deutschen Bekannten wird ihre eigene mangelnde Erfahrung so peinlich sein, dass sie für jedes bisschen Information dankbar sein werden, das sie von Ihnen bekommen können, und das sie dann benutzen werden, um ihre noch weniger kosmopolitischen Peers zu beeindrucken, sobald Sie nicht in der Nähe sind.

Ich muss Sie aber warnen. Sie haben vielleicht bemerkt, dass die Aufmerksamkeit von Elitedeutschen wie die von multinationalen Konzernen funktioniert: Wenn sie erst einmal genug Underground-Filme aus einem bestimmten Land gesehen haben, fangen sie an, die ganze Kultur langweilig zu finden, und geben dieses Land bald auf. Alles, was mehr Aufwand erfordert als ein paar DVDs anzuschauen und dann und wann ein ethnisches Restaurant zu besuchen, ist überflüssig und wird als unspontan erachtet.

Sprechen Sie diese unbequeme Wahrheit aber niemals aus, denn das würde Sie auf nichtironische Weise streberhaft aussehen lassen, und Sie würden allen Respekt verlieren, den Sie sich durch Ihre oberflächliche Sachkenntnis der subkulturellen Banalitäten eines fremden Landes erworben haben.

Clubveteranen

Clubs. Sie haben sie in Ihren Teenagerjahren entdeckt, hatten ein paar Jahre lang Spaß und gingen zu anderen Dingen über, als Sie 30 wurden, weil Sie plötzlich keinen Sinn mehr darin sagen, Ihre wertvolle freie Zeit mit viel jüngeren Menschen zu teilen, die dasselbe tun, was Sie früher auch getan haben, nur mit etwas anderen Klamotten, Drogen und Musik. Deshalb werden Leute über 30, die immer noch in Clubs gehen, überall als traurige Loser betrachtet – offen gesagt zu Recht.

Moment, nicht so schnell. Die Deutschen sind da anderer Ansicht. In Deutschlands größeren Städten, vor allem in Berlin, ist es überhaupt kein Problem, in jedem Alter clubben zu gehen, es wird sogar gefördert. Je oller, desto doller. Statt mit dem Finger auf sie zu zeigen und sie als komische alte Knacker zu bezeichnen, halten Deutsche solche Erwachsene, die gern in Clubs gehen, ausnahmslos für interessanter, kreativer und hipper als ihre nichtclubbenden Peers. Sie haben es erfasst – mit über 30 in Clubs zu gehen, ist ein bequemer, allgemein anerkannter Weg, Ihre Freunde von Ihrer Individualität zu überzeugen. Denken Sie auch an all die Erklärungen, die Sie abgeben müssten, wenn Sie Ihr Wochenende lieber mit langweiligem Allerweltskram verbringen würden, wie zum Beispiel Tiefseetauchen in der Antarktis.

Wenn Sie nicht besonders begeistert von der Idee sind, wieder anzufangen, in Clubs zu gehen, seien Sie versichert, dass Berlin im Moment weltberühmt ist für eine Überfülle an Clubs und ein reiches Musikangebot. Mit Überfülle meinen wir natürlich das Berghain, und mit reichem Angebot Minimal Techno.

Jedenfalls ist es einfach, sich fürs Ausgehen in Schale zu werfen: Tragen Sie einfach die Klamotten, aus denen Sie vor 15 Jahren herausgewachsen sind: Chucks, Band-T-Shirts, schmal geschnittene Jeans. Sie wollen schließlich nicht zu modisch aussehen, denn es ist wichtig, dass Sie es sich als erfahrener Clubveteran zum Prinzip machen, mehrere Levels über den jungen, allzu leicht zu beeindruckenden Club-Rookies zu stehen und sich natürlich nicht damit aufzuhalten, den kurzlebigen Trends zu folgen.

Eines ist wichtig: Um anerkannt und von anderen Clubveteranen respektiert zu werden, ist es unbedingt erforderlich, dass Sie jedes einzelne Wochenende gehen. Mit ein oder zwei Mal im Monat, wie die normalen Clubtouristen, werden Sie nicht weit kommen. Sie müssen unbedingt Stammgast werden und oberflächliche Beziehungen zu den Türstehern, Bedienungen, DJs und – als Trumpf – dem Promoter dort aufbauen.

Warum? Nun, Sie werden das echt aufregende Leben eines Clubbers leben, gute 10 bis 15 Stunden am selben Ort verbringen, Wochenende um Wochenende. Also ist es besser, Sie lernen jemanden kennen, mit dem Sie sich unterhalten können, sonst wird Ihr Aufenthalt ein bisschen einsam, was Sie schnell wie einen Perversen auf Beutezug aussehen lassen würde.

Stattdessen sollte man Sie am Eingang herumhängen und sich mit den Türstehern anfreunden sehen. Zahlen Sie ihnen Drinks, bis sie Sie dort bleiben lassen, und sei es nur aus Mitleid. Es ist ein großartiger Platz, um wichtig auszu-

sehen. Sie könnten sogar versuchen, es aussehen zu lassen, als wären Sie Teil der Crew, so dass jeder, der hineingeht, Ihnen diesen beeindruckten, furchtsamen Blick zuwerfen wird. Es wird sich gut anfühlen und die Scham aufwiegen, die Sie empfinden werden, wenn Sie einen kurzen Blick auf

Ihr Bild in einem Spiegel erhaschen, bestürzt über Ihr eigenes, trauriges Clubveteranen-Selbst im brutalen Neonlicht der Clubtoilette.

Es gibt keinen besseren Zeitpunkt als diesen, um sich eine kleine Aufwertung Ihres Selbstbewusstseins zu gönnen. Bis dahin werden Sie sich hoffentlich ein paar Freunde unter den lokalen DJs gemacht haben. Gehen Sie zum DJ-Pult und stellen Sie sich an eine Stelle, wo viele Leute Sie sehen können. Dann grüßen Sie den DJ auf eine prätentiöse Art, wie zum Beispiel mit zwei erhobenen Daumen, weil er Ihren Lieblingssong spielt. Oder gehen Sie mit ausgestreckter Hand auf ihn zu, um sich ein High-Five abzuholen. Falls der DJ Sie beim ersten Mal ignoriert, wiederholen Sie die Prozedur einfach, bis es ihm zu peinlich wird und er mitmacht. Streben Sie den maximalen Showeffekt an. Machen Sie sich keine Sorgen, dass Sie wie ein angeberischer Möchtegern-Insider aussehen. Sie stehen weit über diesen Dingen.

Geben Sie sich nicht damit ab, tatsächlich zu tanzen. Als hartgesottener Clubveteran weicht Ihre Vorstellung von Spaß dramatisch von der der jungen, enthusiastischen Grünschnäbel knapp über 20 ab. Wenn Sie sich schließlich ein paar Freunde im Club gemacht haben, ist die Hauptaktivität, in kleinen Gruppen von vier bis fünf Leuten im Vorraum herumzustolzieren und Smalltalk zu machen.

Nicht die übliche Sorte von Smalltalk, wohlgemerkt. In einem Club werden Sie feststellen, dass Ihre deutschen Bekannten sehr viel alberner und aufgekratzter sind als sonst. Diese Aufgeregtheit liegt an der stillschweigenden

Verheißung von Partydrogen. Es wird eine konspirative Schwingung in der Luft hängen, denn selbst die erfahrensten deutschen Clubber halten Drogengebrauch immer noch für ein Zeichen liebenswürdiger Exzentrizität, die die *besonderen* Menschen vom Mainstream abhebt. Sie werden sehen, dass Ihre deutschen Bekannten die Spannung aufbauen, indem sie zunehmend eindeutige Bemerkungen über den unmittelbar bevorstehenden Drogengebrauch machen, bis schließlich ihr »Typ mit dem Zeug« auftaucht und Ihre Bekannten in ein Hinterzimmer oder eine Toilettenkabine verschwinden, um noch mehr mädchenhaft zu kichern und schließlich die Drogen zu nehmen.

Wenn Sie alle aus der Toilette zurück sind, werden Sie bemerken, dass Ihre deutschen Bekannten wieder dazu übergehen, im Loungebereich des Clubs herumzustolzieren, wobei der einzige Unterschied ist, dass der alberne Smalltalk sich jetzt in ein passiv-aggressives Geschrei von ignoranten, aufgeblasenen Verkäufern untereinander verwandelt hat, Sie wissen schon, wie es Kokser machen. Täuschen Sie sich nicht: Deutsche leben für diese Momente, denn sie sehen sie gern als Chance, mit ihren Freunden zu reden, wenn sie in einem Zustand sind, der sie auf brutal ehrliche Weise kommunizieren lässt, was bedeutet, dass alles, was gesagt wird, wirklich interessant, exzentrisch und tiefsinnig ist und womöglich der Ausgangspunkt für eine Karriere in Film, Schriftstellerei oder Kunst.

Es gibt noch andere kleine Rituale, die Sie kennen und meistern müssen. Eines ist die »Überraschendes-Wiedersehen-Umarmung«. Sie dient dazu, den umstehenden Fremden prätentiös zu zeigen, dass man mit einer wirklich wichtigen lokalen Berühmtheit befreundet ist.

Einer Ihrer deutschen Bekannten (derjenige, der verzweifelt nach Aufmerksamkeit sucht) wird einen anderen Deutschen (die lokale Berühmtheit) erkennen, der gerade den Raum betreten hat. Die erste Person, oft eine Frau, wird dann eine übertriebene Körperbewegung auf diese Person zu machen, wie um sich anzuschleichen, um dann explosionsartig zu etwas überzugehen, was man als *stürmische Umarmung* bezeichnen könnte, wobei die Angreiferin das Opfer eng umschlingt, es rückwärts durch den ganzen Raum schiebt und dabei gegen mehrere andere Gruppen von Clubbern stößt, was ihr allerdings vollkommen egal ist, denn sie kann sich sicher sein, dass ihre übertriebene Zurschaustellung von Zuneigung allgemein als viel wichtiger anerkannt werden wird als das Wohlergehen oder die Sicherheit aller anderen. Während dieses Rituals wird die Angreiferin ein schrilles »Hiiiii« ausstoßen oder einfach den Vornamen der Person, so dass alle es hören können und ihre jeweiligen Gruppengespräche unterbrechen. Das Ziel ist, bei den Anwesenden im Raum Aufmerksamkeit zu erregen, wenn auch kurzlebige, und ihnen zu beweisen, dass man die lokale Berühmtheit beim Vornamen kennt und eng genug mit ihr ist, um sie öffentlich auf peinliche Art zu umarmen. Der oder die umarmte Deutsche wird ein leicht entnervtes Lächeln zeigen, es aber geschehen lassen, denn das ganze Ritual verschafft der Popularität beider Beteiligter für diesen Abend einen Schub. Manche Leute werden ein bisschen vor der umarmenden Person auf der Hut sein, was jedem Gespräch, das diese Person von da an zu beginnen versucht, ein ungemütliches Element der Verzweiflung verleiht.

Ein weiteres Clubritual ist das Schießen von Fotos. Beachten Sie, wie alle ständig mit ihren Handys Schnappschüsse von ihren Freunden machen. Wenn es an Ihnen ist, fotografiert zu werden, verlangt das deutsche Clubgesetz von Ihnen, irgendeine Art von Handzeichen zu machen, das Ihr Wohlbefinden mit dieser Situation symbolisiert und Ihre Entschlossenheit, Spaß zu haben. Deutsche erzielen gute Ergebnisse damit, Grimassen zu schneiden, die Zunge herauszustrecken oder einfach arrogant zu lächeln, wenn sie glauben, sie sähen gut aus. Bitten Sie den Fotografen, Ihnen das Foto für Ihre MySpace-Künstlerseite zu schicken. Sie haben doch eine MySpace-Seite? Nein, Facebook, Twitter oder eines von den Mainstream-Social-Networks genügen nicht. Ihre deutschen Bekannten bevorzugen MySpace vor allen anderen, weil ihnen a) die Tatsache gefällt, dass jeder ein Musikerprofil auf MySpace erstellen kann, selbst wenn er nur ein Newbie-DJ ist, und b) sind sie alle ein bisschen langsam mit den neuen Sachen, die im Internet passieren.

Was uns zum wichtigsten Aspekt Ihres Clublebens bringt. Sehen Sie immer zu, dass Sie Ihre DJ-Karriere voranbringen. Es ist egal, ob Sie tatsächlich in dem Club gebucht sind. Bringen Sie einfach eine Menge Vinylplatten mit und absolvieren Sie Ihr DJ-Begrüßungsprogramm wie oben beschrieben. Dann positionieren Sie sich an einer taktisch günstigen Stelle in der Nähe der Plattenspieler und warten Sie einfach, wobei Sie lässig im Takt der Musik mit dem Kopf nicken. Früher oder später wird der DJ eine Pause machen müssen, um zur Toilette zu gehen oder andere DJ-Aktivitäten zu verfolgen. Das ist Ihre Chance. Schlüpfen Sie hinters Pult und fangen Sie an, Ihre eigenen Platten zu spielen. Wer weiß? Vielleicht hört ein wichtiger Club-Promoter Ihre unwiderstehliche, bahnbrechende Auswahl von Minimal-Elektro-Vinyls und heuert Sie für seinen Club an? Viele semi-erfolgreiche DJ-Karrieren kamen auf diese Art in Gang.

Wenn der Resident-DJ aus irgendeinem Grund die Situation durchschaut und sein Pult nie verlässt, versuchen Sie die andere Herangehensweise, indem Sie ihn wiederholt mit zunehmend weinerlicher Stimme bitten, Sie nur ein paar Platten Ping Pong spielen zu lassen. Wiederholen Sie das so oft wie möglich, bis der Kerl so angenervt ist, dass er zu allem bereit ist. Ein Rat noch: Selbst wenn Sie es schaffen und sich einen DJ-Gig in einem Club verdienen, seien Sie nicht zu begeistert – in Deutschland stehen für jeden freien DJ-Job Tausende von aufstrebenden DJ-Talenten bereit, die versuchen, sich gegenseitig zu übertreffen für eine Chance, ihre schwerfälligen Fertigkeiten am Mischpult einem Publikum öffentlich zeigen zu dürfen, das aus drei Ihrer Bekannten und fünf bis sieben gelangweilten Touristen besteht, die an diesem Abend nicht ins Berghain hineingekommen sind.

Wenn Sie sich darauf vorbereiten, den Club zu verlassen, werden Ihre deutschen Bekannten Sie fragen, ob Sie zu einer After-Hour-Party mitkommen wollen. In Deutschland ist es eine Regel, dass die beste, wichtigste Party niemals die ist, auf der Sie gerade sind, sondern die nächste, auf die Sie gleich gehen werden. Egal wie viele After-Partys Sie in einer Nacht besuchen – jemand wird ein Gerücht über dieses andere Super-Ereignis aufgeschnappt haben, das in ein paar Stunden woanders stattfindet und auf gar keinen Fall verpasst werden darf. Viele Deutsche haben schon versucht, die ultimative After-Party der Nacht zu besuchen, und Tage, wenn nicht gar Wochen mit Nonstop-Clubben verbracht, nur um gesagt zu bekommen, dass genau die Party, zu der sie gerade wollten, als sie schließlich ohnmächtig zusammenbrachen, die beste Party aller Zeiten war und dass sie, Sie ahnen es, ehrlich etwas verpasst haben, so dass all ihre Mühen umsonst waren.

In Deutschland werden Sie immer eine Party vor dem Erreichen des Clubveteranen-Nirvanas stehen. Das muss so sein.

Counter-Culture

Wenn Sie ein kulturell interessierter Mensch sind und erwartet hatten, im heutigen Deutschland auf die reiche Tradition der Komponisten, Philosophen, Schriftsteller und Künstler zu treffen oder sogar deutsche Freunde zu finden, mit denen Sie die Feinheiten von Kants Arbeit diskutieren können, während Sie in der Schlange am Kartenschalter für ein klassisches Konzert anstehen, das in einer 500 Jahre alten Kirche gespielt wird, sind Sie möglicherweise überrascht von der hämischen Böswilligkeit der deutschen Elite gegenüber jeder Kultur, die nicht »sub« oder »counter« ist. Das Problem der Hochkultur ist, dass sie normalerweise mit genau der Art von Leuten verknüpft ist, von denen sich Ihre deutschen Bekannten um jeden Preis abheben wollen.

In deren Vorstellung verringert sich der künstlerische Wert eines Dürer-Gemäldes mit jedem Banker, der ein Auge darauf wirft, ein kleines bisschen. Immer wenn ein Anwalt, der so etwas Obszönes wie ein gebügeltes Hemd trägt, mit seinen unhippen, obszöne gebügelte Hemden tragenden Anwaltskumpels Schopenhauers »Die Welt als Wille und Vorstellung« diskutiert, bekommt dessen Relevanz für den philosophischen Diskurs einen ernsthaften Knacks. Oder nehmen Sie Goethe – haben Sie eine Ahnung, wie viele seiner Werke in diesem Moment, während Sie das hier lesen, in den Bücherregalen von satten, Geländelimousine fahrenden Zahnarztfrauen in ihren modernen Bungalows in den langweiligsten Stadtteilen vergilben? Ich meine, kommen Sie! Kann man noch mehr Mainstream sein als diese Witzfigur »Goethe«?

Es scheint so, als seien in Deutschland die Rollen von Counter-Culture und Hochkultur vollkommen umgekehrt. Die angebliche Counter-Culture ist so omnipräsent, so etabliert und so vollkommen unangefochten, dass ein neugieriger Außenstehender zu keinem anderen Schluss kommen kann als dem, dass sie seit langem den Platz des Mainstreams eingenommen hat. Andererseits werden Sie in Verlegenheit kommen, wenn Sie jemanden suchen, der zugibt, dass er einen Polke einem Banksy vorziehen würde. Seit dem Tag, an dem Sie nach Deutschland gekommen sind, geht sicherlich jeder einzelne Mensch, den Sie kennengelernt haben, in ziemlich genau derselben Counter-Culture auf: in elektronischer Musik, Street Art oder gehaltlosen Büchern über krasse Leute, die krasse Sachen in krassen Szenerien sagen, geschrieben von verwirrten jungen Frauen.

Dennoch sind Elitedeutsche ihrer eigenen Ansicht nach die »select few«, ein bewundernswerter Haufen von freidenkerischen Nonkonformisten, die gegen die böse, repressive Dominanz der »Hochkultur« kämpfen. Alles, woran *sie* interessiert sind, ist der geniale Ausdruck abgefahrener Counter-Culture, egal wie viele Millionen von gleichgesinnten Individualisten auf dem ganzen Planeten auf exakt dieselbe Art und zur selben Zeit am exakt Selben interessiert sind. Ironischerweise wird die angeblich undurchdringliche, nicht greifbare Counter-Culture jetzt von cleveren älteren Deutschen benutzt, um leicht zu beeindruckenden jugendlichen Deutschen die Mainstream-Kultur zu verkaufen. Wenn man irgendeinem beliebigen Ding, das ein durchschnittlicher Mitte-Einwohner normalerweise für langweilig und *zu Mainstream* halten würde, einen Aspekt der Counter-Culture hinzufügt, wird eine hedonistische Masse von elitedeutschen Thrill-Suchern Schlange stehen, um Teil davon zu sein.

Sind Sie ein Verleger, der ein paar Bücher verkaufen will? Erfinden Sie ein aufgeblasenes *Literaturfestival*, organisiert in einem bekannten Club in einem verlassenen Bunker, der in einem echt trendigen Stadtviertel steht, wo Sie *spontane* Lesungen organisieren, die Sie mit Gigs von lokalen Bands vor einer Kulisse mit hipper Videokunst »remixen«.

Leiten Sie ein Orchester, haben aber genug davon, vor einem Publikum von Greisen zu spielen? Arrangieren Sie einfach ein »experimentelles« Konzert, bei dem Sie stümperhaft die »künstlerische Vision« der wirren, dunkelhaarigen Technoberühmtheit Ricardo Villalobos mit klassischer Musik verbinden, um damit einen strapaziösen, piepsigen Parforceritt mit null Wiedererkennungswert oder Relevanz zu schaffen.

Oder vielleicht sind Sie selbst ein weitgereister Kosmopolit, der immer bestrebt ist, mehr über fremde Kulturen zu lernen? Halten Sie sich nicht mit den üblichen textlastigen, gut recherchierten Büchern auf, geschrieben von streberischen Akademikern und voller Kopfschmerzen auslösenden Zahlen und Fakten. Für Nonkonformisten wie Sie bietet der deutsche Buchmarkt eine Menge »frisches« und »anderes« Material, geschrieben von Vorkämpfern der Counter-Culture, wie zum Beispiel einem gutaussehenden, hippen Ex-Punk. Statt sich mit irrelevanten, langatmigen Abhandlungen über »Geschichte« oder »Kunst« zu belasten, können Sie so einen Bericht aus erster Hand über die Counter-Culture, dieses Landes bekommen, thematisch breit gefächert von Konzerten bis Gigs.

Wenn es eines gibt, das Ihren mühevoll erworbenen Status des »Andersseins« mit Sicherheit ruiniert, dann ist es zuzugeben, dass Sie sich gern Kunst ansehen, die älter als drei Jahre ist, Musik hören, von der mehr als ein paar Tausend Platten verkauft wurden oder Bücher lesen, die sich kein verwöhntes, drogensüchtiges Gör ausgedacht hat. Wenn Sie den Namen eines Künstlers, Musikers oder Schriftstellers nennen, den Sie mögen, und Ihre deutschen Bekannten haben schon einmal von ihm gehört, dann haben Sie verloren und müssen sich ein völlig anderes kulturelles Thema suchen, über das Sie genug oberflächliches Wissen sammeln, um zumindest drei Minuten Party-Smalltalk oder hitzige Diskussionen in Internetforen zu überstehen.

Elternschaft

Sind Sie müde? Haben Sie das Gefühl, dass all Ihre Mühe, ein echt hipper Deutscher zu werden, Zeitverschwendung ist und dass, egal was Sie tun, eine andere, elitärere Person es schon besser und kreativer gemacht und dabei weniger CO_2 produziert hat? Machen Sie sich keine Sorgen. Früher oder später (aber nie vor dem 35. Lebensjahr) macht jeder diese Phase pubertärer Angst und Verwirrung durch – sogar die Deutschen.

Die rund 20 Jahre, beginnend mit der Pubertät, in denen von Elitedeutschen erwartet wird, dass sie total coole, hippe Nicht-Mainstream-Dinge tun wie Clubben, Rauchen, Skateboardfahren und sich von billigem, schnell heruntergeschlungenem türkischen Fast Food zu ernähren, fangen erst richtig an, ihren Tribut zu fordern, wenn ein Deutscher das magische Alter von 35 Jahren erreicht. Dann werden sich viele Deutsche schmerzlich der Tatsache bewusst, dass sie vielleicht einfach nicht elitär genug sein können, um der hippste, individuellste und interessanteste Mensch ihres Viertels oder auch nur ihrer WG zu werden. An diesem Scheideweg fühlen sich Elitedeutsche gezwungen, eine Entscheidung für den Rest ihres Lebens zu treffen. Als Ausländer würden Sie wahrscheinlich einfach akzeptieren, dass am Ende doch noch das Erwachsensein eingetreten ist, Sie würden Ihre Plattensammlung verkaufen, Ihren Partner heiraten, ein Kind bekommen und hinaus in die Vororte ziehen. Autsch! Was denken Sie sich dabei? Wenn es nach Elitedeutschen geht, könnten Sie dann genauso gut Selbstmord begehen, indem Sie sich selbst mit einer Ausgabe der Bild Zeitung ersticken. Ja, richtig, nicht einmal ein glamouröser Selbstmord nach Rockstar-Manier.

Stattdessen sollten Sie Ihrem Leben eine neue Richtung geben, ohne zu viel zu verändern. Eine beliebte Lösung ist es, einfach so weiterzumachen wie in den letzten 20 Jahren und die Tatsache zu ignorieren, dass Sie bald Ihre Fähigkeit verlieren werden, Ihre jüngeren, eifrigeren Nachfolger zu übertrumpfen und damit genau zu der Art Mensch zu werden, über die Sie sich vor fünf Jahren noch lustig gemacht haben. Sie wissen schon, die Sorte Typ, der weit in den Vierzigern ist, aber immer noch eine Karriere als Künstler *Slash* DJ *Slash* Filmregisseur verfolgt, inklusive ironischem Bart, Schals in geschlossenen Räumen und übergroßer Brille mit Fensterglas, woran er sich klammert, obwohl das Persönlichkeitsaufwertungs-Verfallsdatum schon weit überschritten ist. Abhängig von Ihrer persönlichen Cleverness können Sie vielleicht noch zehn Jahre mit dem urbanen Boheme-Lifestyle mithalten. Die Kehrseite ist, dass Sie höchstwahrscheinlich als einer dieser gruseligen alten Knacker enden werden, die Sie manchmal in der U-Bahn sehen, Sie wissen schon, die mit dem wahnsinnigen, drogenvernebelten Blick, die permanent kaum hörbare Beleidigungen gegen alle murmeln, die in ihr Blickfeld kommen.

Der andere, gefahrlosere Weg ist der der Elternschaft. Wie oben beschrieben können eigene Kinder Ihr Leben leicht ruinieren, wenn Sie sich der Fallgruben nicht bewusst sind. Doch wenn Sie es richtig machen, kann es die ultimative Waffe in Ihrem Arsenal sein. Deutsche können, indem sie hippe Eltern werden, sowohl *innerhalb* der Hierarchie der Hipness als auch *außerhalb* davon leben. Sie nehmen sozusagen eine Quanten-Superposition ein, die es ihnen wie Schrödingers Katze ermöglicht, gleichzeitig tot (der Vorort) und lebendig (die hippe Szenekneipe) zu sein.

Es ist außerdem ein gutes Geschäft. Mit dem geringen Aufwand eines erfolgreichen Beischlafs gewinnen sie einen unermesslichen Vorteil über ihre kinderlosen Peers, der mehrere Jahrzehnte anhalten kann. Von dem Tag, an dem die Schwangerschaft diagnostiziert wird, bis weit über 60 verleihen ihnen Kinder einen Grund, sich besonders und wertvoll zu fühlen, und zumindest haben Sie es besser gemacht als diese unangenehmen, kaltherzigen Leute, die es vorgezogen haben, kinderlos zu bleiben.

Natürlich kann Kinder zu haben stressig sein, aber es kommt nicht im Entferntesten an den Stress heran, der mit der Notwendigkeit einhergeht, immer auf dem Laufenden zu bleiben, was die neuesten Indie-Bands, unverständlichen ausländischen Filme oder Afterparty-Club-Locations angeht. Offen gesagt sind all die kleinen Dinge, um die man sich vor, während und nach der Geburt eines Kindes kümmern muss, nicht nur eine Stressquelle, sie sind auch ein Geschenk, das Ihnen die Oberhand in jeder gesellschaftlichen Situation verleiht. In einem Gespräch kann niemand das Thema wechseln oder Ihnen sagen, dass Sie langweilig sind, denn es gibt ein ungeschriebenes Gesetz in Deutschland, dass jede Aussage, in der es um die eigenen Kinder geht, gleichzeitig süß und unglaublich interessant ist und nur mit einem Gesichtsausdruck beantwortet werden sollte, der besagt: »Deine Geschichte übers Windelwechseln in der Tram ist wirklich höchst unterhaltsam und faszinierend.«

Und Sie werden eine Menge Gelegenheiten bekommen, über Ihr neues Leben als Eltern zu reden. Wenn Sie im richtigen Teil der Stadt leben, ist es wahrscheinlich, dass zu jeder Zeit Hunderte von anderen Familienunternehmensgründern die altbaugesäumten Straßen durchstreifen, einen oder zwei faule Tage die Woche in einem gemütlichen Café verbringen, das einen weiblichen Vornamen aus den 1920ern trägt, die Secondhandläden durchforsten oder noch eine dieser zahlreichen Boutiquen gründen, die ganz gut davon zu leben scheinen, nur süßen, selbstgemachten Schnickschnack für die ach so besonderen Kinder und ihre Mütter zu verkaufen.

Stellen Sie sich den Grad der Freiheit vor, den Ihnen das bescheren wird. Sie werden sich nie wieder Sorgen darüber machen, wie Sie Ihr banales, gemäßigtes Leben aufpeppen können, um es interessanter klingen zu lassen, als es in Wirklichkeit ist. Andere elitedeutsche Eltern werden Sie immer gern von Ihrem täglichen Kampf mit den Pflichten

der Elternschaft sprechen hören und werden es großartig finden, wenn Sie ihnen Ihre kleinen babyfixierten Anekdoten erzählen, solange Sie es so klingen lassen, als beschritte man, wenn man ein Kind hat, schon vor dem Frühstück mehr neue Wege als Neil Armstrong und Christoph Columbus in ihrem ganzen Leben.

Nichts ist zu langweilig, um nicht in einem ellenlangen Wortschwall mit ein paar spitzen Bemerkungen über die skandalöse Missachtung von Kindern in unserer modernen Gesellschaft bedacht zu werden. Die Geschichte, wie Sie ein paar Tage lang vor sieben Uhr aufstehen mussten, um eine Kindertagesstätte zu finden, die veganes Essen serviert? Wie Sie einen Tauschclub für gebrauchte Babykleidung gegründet haben, weil es einfach zu teuer ist, sie neu zu kaufen? Wie Sie die Impfung Ihres Säuglings mit Ihrem Ehepartner diskutiert und sich über alternative Medizin gestritten haben? Lassen Sie Ihr Publikum alles über Ihre unglaublichen Entdeckungen erfahren, immer und immer wieder.

Zumindest wird ein Kind Ihr Selbstbewusstsein steigern und Ihre Zufriedenheit mit Ihrem gewählten Lebensstil, denn es wird Ihnen moralische Autorität über all diese übereifrigen Karrieristen verleihen, »denen es nur ums Geld geht«. Nächstes Mal, wenn einer dieser kaltherzigen Menschen sich über Ihre nichtexistenten oder hochfliegenden Karrierepläne lustig macht, erklären Sie ihm einfach ernst und arrogant, dass »die Möglichkeit, sein Kind rund um die Uhr aufwachsen zu sehen«, die einzige Karriere sei, »die zu verfolgen wirklich erstrebenswert ist«, und dass die Welt endlich ein friedlicher Ort sein könnte, wenn jeder Kinder hätte.

Essen gehen

Deutsche haben zwei Herangehensweisen ans Essen. Die Traditionelle ist, es als notwendiges Übel zu betrachten, mit dem man am besten schnell fertig wird, um mehr Zeit für die wichtigeren Dinge im Leben zu haben, wie importierte DVDs schauen, Gras rauchen, SMS schreiben oder einen neuen großen Meilenstein der elektronischen Dance Music auf ihren illegal heruntergeladenen Software-Synthesizern komponieren.

Die zweite Herangehensweise, die in letzter Zeit mehr und mehr an Zugkraft zu gewinnen scheint, ist Essen als ein neues wissenschaftliches Feld zu behandeln. Wenn Deutsche schon Zeit und Gedanken auf so einen trivialen Aspekt ihres täglichen Lebens verwenden müssen, können sie genauso gut eine Graue Eminenz darin werden. Eine einstündige Rede über die Périgord-Trüffelstatistik in den 1970ern halten zu können belebt jede Dinnerparty und versetzt außerdem dem Selbstwertgefühl der anderen anwesenden Genießer einen herben Schlag.

Wenn sie erst einmal den Dreh heraushaben, betreiben sie einen erheblichen Zeitaufwand entweder mit der Zubereitung von unnötig komplizierten und abgehobenen Abendessen, um ihre Freunde zu beeindrucken, Verzeihung:

zu verwöhnen, oder sie zielen, wenn sie zufällig noch keinen riesigen, kubistischen Holz-Esstisch besitzen, der mindestens 200 Kilo wiegt, darauf ab, »der Gourmet-Freund« zu sein, der immer über die neuesten Food-Trends und Restauranteröffnungen im Bilde ist.

Wenn Sie nicht bereit sind, viel Geld für Kochbücher auszugeben, die von Jamie Oliver oder seinem in Deutschland weltberühmten Gegenstück Tim Mälzer vermarktet werden, ist es ratsam, die zweite Herangehensweise zu wählen und Ihre deutschen Bekannten in ein interessantes neues Restaurant einzuladen, in dem sie noch nicht waren.

Zunächst einmal werden Sie so ein Restaurant überhaupt finden müssen, was vielleicht ein bisschen viel verlangt ist, wenn Sie neu in Deutschland sind. Wenden Sie an, was Sie bisher gelernt haben: Ein Restaurant mit gutem Ruf, aufmerksamen Kellnern, weißen Tischdecken und feiner Küche auszusuchen, wird keinen beeindrucken. Gehen Sie stattdessen in Ihr örtliches Rathaus und sehen Sie im Grundbuch nach, ob das Gebäude Ihres Restaurants den Makel trägt, dass es je eine Funktion hatte, die – und sei es auch nur entfernt – mit dem Servieren von Essen zu tun hatte. Jedes Restaurant, das in einem normalen Gebäude untergebracht ist, dazu zählt sogar ein Altbau, oder schlimmer: in einem Gebäude, das aus dem einzigen Grund gebaut wurde, ein Restaurant zu beherbergen, ist ein Affront für das tiefsitzende Bedürfnis jedes Deutschen, dass alles, was er unternimmt, ein künstlerisches Statement für die Counter-Culture und gegen den bösen Mainstream sein muss. Im Gegenteil, Ihre deutschen Freunde werden immer unverhältnismäßig begeistert sein, wenn sie ein »Lokal« besuchen, das an einen Ort verlegt wurde, der vorher einem vollkommen anderen Zweck gedient hat.

Die Location muss eine Art trendige neue Übergangsbaracke in einem hippen Teil des Stadtviertels sein, wie zum Beispiel eine ehemalige öffentliche Toilette, die ein bekannter lokaler Clubpromoter in eine absichtlich schäbige Snackbar verwandelt hat, wo die Urinale jetzt als Porzellanvasen dienen und sich die Küche hinter einem Loch befindet, das jemand aus irgendeinem Grund in die Kabinenwand geschlagen hat, als die Toilette noch eine Toilette war.

Wenn Sie es geschafft haben, eine Lokalität zu finden, die ausreichend trendy ist, aber nicht so trendy, dass es bemüht wirkt, fragen Sie Ihre deutschen Freunde, ob sie mit Ihnen ausgehen, und nehmen Sie sie unter der Woche zum Mittagessen dorthin mit, denn dann haben sie am meisten Zeit übrig. Nehmen Sie sich, wenn es sein muss, dafür einen Tag Urlaub von Ihrem bösen Job in einem multinationalen Konzern.

Wenn Sie das Restaurant betreten, werden Sie die unvermeidliche trendige Klientel in einem schlecht beleuchteten Raum zusammengepfercht vorfinden, die in ungelenker Haltung auf unbequemen, aber hip designten Hockern sitzen und abzuschätzen versuchen, ob ihr Hipnessquotient von einem der anderen Gäste übertroffen wird, indem sie jeden, der die Szenerie betritt, besorgt anstarren. Deutsche, selbst in Großstädten, können nicht anders als starren, deshalb ist es ratsam, sich so schnell wie möglich daran zu gewöhnen. Warten Sie geduldig, bis eine säuerliche Person, kaum zu identifizieren als der Kellner, Ihnen widerstrebend eine minimalistisch gestaltete Speisekarte mit postmoderner Schrift reicht. Nun beginnt ein langatmiger Entscheidungsprozess. Sie haben vermutlich schon

festgestellt, dass man als Deutscher eine starke Abneigung gegen ein bestimmtes Lebensmittel unterhalten muss. Das ist keine verständliche Vorsicht aufgrund irgendeiner Allergie, sondern eher eine willkürliche, unbegründete Schrulle, die ihren Träger einzigartiger und bedachter machen soll als seine Freunde und – das ist wichtig – nie in Frage gestellt werden darf. Das Geläufigste ist natürlich der Vegetarismus, gefolgt vom Veganismus. Doch die Deutschen haben sich, erfinderisch wie sie sind, noch andere, viel spezialisiertere und abwegigere Abneigungen ausgedacht. Zum Beispiel ist es nicht unüblich, dass ein Deutscher sagt: »Ich esse keinen Fisch«, »Ich esse kein Gemüse, das mit ›K‹ oder ›S‹ anfängt« oder »Ich kann den unteren Teil von Karotten nicht essen. Du weißt schon, den Teil, wo sie dünner wird als der durchschnittliche menschliche Zeigefinger. Der obere Teil ist aber okay, den liebe ich!«

Darüber hinaus sind Deutsche bestrebt, jede Unannehmlichkeit auszuschließen, indem sie so viele Informationen wie möglich über das Gericht zusammentragen, das sie bestellen wollen. Hat jemand es schon einmal probiert? Wie war es? Würde er es noch einmal bestellen? Wenn ja, gibt es etwas an dem Gericht, das man weglassen sollte? Falls nicht, was sind die drei Hauptgründe, warum man nicht um Änderungen bitten sollte? Glaubst du, es ist Paprika drin? Weißt du, Ralf kann keine Paprika essen, sein Magen ist einfach nicht dafür gemacht, sie zu verdauen! Welchen Wein bestellen wir? Passt das Essen zum Wein? Glaubst du, es ist ein authentischer Wein? Aber das Etikett ist deutsch beschriftet. Ein direkt importierter Wein hat das nicht! Brauchen wir zu lang zum Bestellen? Lässt mich das aussehen wie einen typischen Deutschen? Wenn Sie an dieser Stelle den Drang verspüren, »Ja!« zu schreien, halten Sie sich zurück. Zeigen Sie nie, dass Sie gleichzeitig zu Tode gelangweilt und halb verhungert sind. Sie sind hier nur Statist einer gewaltigen Dialektik zwischen der Raumgestaltung, den anderen Gästen, ihrer Kleidung, Ihren Freunden, der Stadt, dem Zeitgeist, der Hintergrundmusik, den Möbeln, dem Namen der Location (irgendein Wortspiel) und all der Elektrizität in der Luft, die von der beruhigenden Sicherheit erzeugt wird, dass das, was Sie gerade tun, wichtig, authentisch und einzigartig ist.

Um das anfällige Selbstbewusstsein Ihrer deutschen Freunde aufzubauen, was die Küche ihres Landes angeht, die zu Recht als ein bisschen fade und uninspiriert gilt, tun Sie so, als seien Sie absolut überwältigt von der Speisekarte: Falls Sie tatsächlich ein angesagtes Lokal gefunden haben, stehen auf der Speisekarte nur gehobene Varianten von normalerweise banalen Gerichten wie die allseits beliebten *Spiegeleier mit Spinat, Arme Ritter* oder das Grundnahrungsmittel *Currywurst*. Deutsche scheinen nie genug zu bekommen von der vermeintlichen Ironie, ein einfaches Gericht aus ihrer Kindheit zu nehmen und es aufzupeppen, indem man nur biologisch erzeugte Zutaten benutzt, die alle aus einer Künstlerkommune stammen, die von Frauenrechtlerinnen in Island gegründet wurde. Falls Sie es schaffen, Ihre Freunde glauben zu machen, dass Sie ihre Liebe zu prätentiös schlichtem Essen teilen, brauchen sie keinen weiteren Beweis, dass Sie aus dem »richtigen Holz geschnitzt« sind.

Die Ambivalenzen, die beim Verzehr fader, dilettantisch verfeinerter Snacks in einer angesagten Bar in einem coolen, noch nicht schickisierten Stadtteil entstehen, bekleidet mit kohlefarbigen, dekonstruierten Klamotten von angesagten skandinavisch-berlinerischen Couturiers, die aussehen wie aus Krepppapier ausgeschnitten, und der Diskussion über neueste Galerieeröffnungen von unbekannten Amateuren, von denen sie gehört haben, schaffen es immer, Deutsche tief von ihrer eigenen Bedeutung zu beeindrucken.

Versuchen Sie, das Essen so schnell wie möglich hinunterzuschlingen. Denken Sie daran: Der unwichtigste Aspekt am Essengehen ist die Freude an leckerem Essen, also achten Sie darauf, dass Sie nicht später fertig werden als Ihre deutschen Bekannten. Es gehört zum guten Ton, den kulinarischen Part der Veranstaltung als notwendiges Übel zu betrachten. Wenn Sie fertig sind, erwähnen Sie unter keinen Umständen, dass Sie gern noch woanders hingehen würden, wie zum Beispiel in eine Bar. Oder noch schlimmer: Feierabend machen und direkt nach Hause gehen. Ihre deutschen Bekannten würden Sie auf ewig meiden. Der eigentliche Grund, warum Deutsche in der Lage sind, den normalerweise verhassten Akt des nichtlässigen Essens zu ertragen, ist die Verheißung der Situation, dass nämlich mehrere Leute, die sie gerne beeindrucken würden, durch gesellschaftliche Konventionen gezwungen sind, zu bleiben und ihrem aufgeblasenen Gerede zuzuhören und dabei der Tisch zum Ärger anderer Gäste dauerhaft belegt ist.

Bringen Sie nicht einfach irgendein Thema ins Gespräch, das Ihnen diskussionswürdig erscheint. Wenn Deutsche sich an einem trendigen Ort versammeln, halten sie sich an ein allgemein anerkanntes Smalltalk-Protokoll, und es ist höchst unwahrscheinlich, dass Ihr Thema, was auch immer es sei, eine Protokolländerung rechtfertigt. Bereiten Sie besser folgende Gesprächsthemen vor:

- Die Architektur und das Design der Lokalität selbst. Sagen Sie: »Es gefällt mir wirklich, wie sie die megainteressante Geschichte der ostdeutschen Innenarchitektur mit neueren Materialien kombiniert haben, aber nicht ohne einen ironischen Verweis auf den Meister, Mies van der Rohe ...« Namedropping von berühmten Designern oder Architekten ist eine einfache Methode, um Deutsche zu beeindrucken und ihnen den Eindruck zu vermitteln, Sie seien Teil der kreativen Klasse.
- Leute aus der deutschen Filmindustrie, die Gerüchten zufolge dieses Lokal auch schon besucht haben. Beeindrucken Sie mit der Erklärung: »Ich habe gehört, Nicolette

Krebitz wurde hier mit ihrem neuen Lover gesehen. Ich frage mich, ob wir heute auch so eine Berühmtheit zu sehen bekommen ...« Achten Sie darauf, mit einem ironischen Unterton zu sprechen, nur für den Fall, dass es Leute in Ihrer Runde gibt, die Gespräche über Promis für Quatsch halten.

■ Politik. Ihre deutschen Bekannten werden früher oder später darüber sprechen. Die große Mehrheit der Deutschen hat sich einer Linksaußen-Weltsicht verschrieben, ist sich dessen aber nicht bewusst und sieht sich deshalb als Zentrum jeder Debatte. Das hat die interessante Nebenwirkung, dass sie jede Meinung, die mitte-links oder, Gott bewahre, auch nur leicht konservativ ist, für rechte Spinnereien halten. Wenn Sie je der Meinung waren, Ihre

Ansichten seien links der Mitte einzuordnen, werden Sie für Ihre deutschen Bekannten nicht anders klingen als die von diesem geistesgestörten rechtsextremen Fox-News-Experten, den sie neulich im Fernsehen gesehen haben. Falls Sie je um Ihre politische Meinung zu irgendeinem Thema gebeten werden, tun Sie so, als hätten Sie sich an etwas verschluckt, entschuldigen Sie sich und ziehen Sie sich ein paar Minuten auf die Toilette zurück. Oder, falls Sie diese Notlösung schon überstrapaziert haben, schreien Sie einfach irgendeine bekannte linksgerichtete Parole wie »No justice, No peace, No racist police!« oder »Babylon!« oder »9/11 war eine Verschwörung des amerikanischen Geheimdienstes!«. Es ist sehr wahrscheinlich, dass Ihre deutschen Bekannten Sie dann als Anarchisten betrachten, wofür sie tief in ihrem Inneren tiefen Respekt empfinden, weil die Demokratie ein langweiliges Konzept ist, das von den Ländern aufrechterhalten wird, gegen die sie einen großen Groll hegen, wie zum Beispiel die Vereinigten Staaten. Sehen Sie Ihr neues anarchistisches Image als Blankovollmacht, mit der Sie den politischen Smalltalk Ihrer deutschen Bekannten bequem umgehen können.

Das übliche Zeitverhältnis von Essen und Reden ist ähnlich wie beim Grillen, ungefähr eins zu fünf. Das bedeutet, dass eine Stunde effektiver Nahrungsverzehr es erfordert, dass Sie noch mindestens fünf Stunden bleiben und wettkampforientiert diskutieren müssen, oder aber bis der Kellner an

Ihren Tisch kommt und Sie bittet zu zahlen, weil das Restaurant schon geschlossen ist und alle nach Hause wollen (in welcher Reihenfolge auch immer). Jetzt können Sie allerdings nicht einfach schon gehen. Wie Sie vielleicht schon gemerkt haben, besitzen Deutsche Weltklassefähigkeiten im Teilen von Rechnungen. Sie teilen die Rechnung nicht einfach in gleiche Teile, so dass alle denselben Betrag zahlen müssen, sondern bitten den Kellner lässig, die exakte Summe jedes Gastes an Ihrem Tisch zu berechnen, was je nach Anzahl der Leute noch einmal 30 Minuten bis eine Stunde dauern kann. Ein paar davon hatten vielleicht etliche Getränke und können sich nicht mehr erinnern, was genau sie bestellt hatten, was bedeutet, dass der Kellner noch einmal die ganze Rechnung durchgehen muss, um per Ausschlussverfahren den Rest der Liste zu ermitteln. Diese restlichen Posten werden dann unweigerlich eine Auseinandersetzung zwischen dem Kellner und Ihren deutschen Bekannten auslösen. Bemerkenswert ist, dass kein Deutscher, der Kellner eingeschlossen, verärgert über dieses unwürdige Theater zu sein scheint, sondern fröhlich mitspielt, bis alle sicher sind, dass sie nicht auch nur ein Glas Mineralwasser einer nahegelegenen Quelle mit niedriger CO_2-Bilanz bezahlt haben, das sie nicht bestellt haben.

Experten

Deutsche sind nicht besonders gut darin, irgendetwas gegenüber gleichgültig zu sein. Ein bestimmtes Thema, das sie anscheinend einfach nicht ignorieren können, sind die Vereinigten Staaten von Amerika. Der letzte dokumentierte Fall, als ein Deutscher die Frage stellte: »Hey, was ist los mit den USA?« und eine einfache Antwort bekam wie: »Ich habe keine Ahnung, warum fragst du überhaupt?« war vor über 230 Jahren.

Heute wird von allen Deutschen verlangt, dass sie eine feste Meinung zu den USA haben, und diese Meinung muss negativ sein. Wahrscheinlich haben Sie schon davon gehört, dass die Mehrheit der Deutschen extrem misstrauisch und kritisch gegenüber den USA ist, vor allem gegenüber ihrer Außenpolitik nach dem 6. Juni 1944. Wenn Sie weiterhin zu den »Tim Mälzer«-Themenabendessen Ihrer deutschen Bekannten eingeladen werden wollen, sind Sie vielleicht versucht, in den Chorus einzustimmen und so zu tun, als wären Sie schonungslos antiamerikanisch, sooft Sie mit Deutschen zu tun haben.

Nicht so schnell, Ausländer. Diese Herangehensweise wird zwar bei 90 Prozent der Deutschen funktionieren, aber es könnte sein, dass Sie in eine Situation geraten, in der Sie

Hilfe von einem Experten brauchen, von einem Arzt, Anwalt, Banker oder Wirtschaftsberater (oder im Grunde von jedem Beruf, den Tom Cruise in einem seiner 80er-Jahre-Hollywood-Blockbuster ausgeübt hat). Wenn Sie mit dieser besonderen Art von Deutschen zurechtkommen wollen, brauchen Sie eine komplett andere Strategie. Zunächst einmal müssen Sie verstehen, dass diese Deutschen jeden einzelnen Aspekt an den USA lieben und sich manchmal bis zu einem Grad wie US-Bürger verhalten, der die Amerikaner selbst übertrifft – ein bisschen, als wollten sie unbedingt die anderen 90 Prozent der Deutschen ausgleichen.

Diese Deutschen haben alle etwas gemeinsam – sie waren während der 1980er-Jahre Teenager in Westdeutschland, einer Zeit und einem Ort, wo es okay oder sogar cool war, die USA – und Tom Cruise – zu mögen. Weil sie so fasziniert waren von Tom-Cruise-Filmen wie *Top Gun* oder *Die Farbe des Geldes*, gingen viele von ihnen für ein Austauschjahr nach Amerika, wo sie bei unerwartet normalen Familien in Newark oder Arkansas leben mussten, Softball spielten und ihr Englisch verbesserten, bis sie klangen wie ein Mittelschichtkind aus dem Mittleren Westen. Der wahre Lohn ihres Aufenthalts in Amerika war ihr neuer Status bei den deutschen Kindern, die zu Hause geblieben waren. Sie wurden vom verspotteten »verweichlichten, hochnäsigen Anwaltskind« zum allgemein bewunderten »Traumtyp«. Die großäugige Begeisterung, die sie ernteten, wann immer sie ihre Geschichten »aus Amerika« erzählten und englische Begriffe einflochten, die sie übertrieben und nasal aussprachen, prägte sich so tief in ihren *Nucleus accumbens* ein, dass sie für den Rest ihres Lebens süchtig danach wurden, sich amerikanisch zu verhalten.

Von da an wurden sie hauptsächlich von der Herausforderung getrieben, ein realistischerer Amerikaner zu sein als jeder andere. Sie erfanden ihr Leben neu, damit es denen der Schauspieler der aktuell beliebtesten amerikanischen Sitcom glich, wie »Friends« in den 90ern oder »Sex and the City« in den Nullerjahren. Sie versuchten, ein deutsches Softball-Team zusammenzustellen, das sich nach einem Monat wieder auflöste, »weil die dummen Deutschen die Regeln nicht kapiert haben«, und aßen bei McDonald's, wann immer sie konnten, wobei sie betonten, wie viel vielfältiger die Speisekarte bei McDonald's in den Staaten war, verglichen mit der »verwässerten deutschen Version – hier haben sie nicht mal *Home Fries*!«.

Als es Zeit wurde, an die Uni zu gehen, ließen sie all ihre Beziehungen spielen, um ein paar Jahre »im Ausland« studieren zu können und mussten nicht zweimal über ihr Traumziel nachdenken: New York City. Dort Jura zu studieren oder für die Deutsche Bank zu arbeiten war für sie ähnlich wie in der Karrierelotterie zu gewinnen, ein Schritt, der sie direkt an die Spitze der »Interessantheitscharts« in ihrem Freundeskreis katapultierte.

Am Anfang ihrer Zeit im »Heiligen Land« hatten die deutschen Experten vielleicht noch den naiven Traum, in Amerika zu bleiben und US-Bürger zu werden. Aber ihnen wurde schnell klar, dass diese Strategie drastisch weniger lohnend gewesen wäre, als nach Deutschland zurückzukehren, um ihren hinterwäldlerischen deutschen Mitbürgern den *American way of life* zu erklären.

Dieser teutonisch-amerikanische Lebensstil besteht aus relativ wenigen wiederkehrenden Elementen:

- einen Geländewagen einer amerikanischen Marke fahren
- eine amerikanische Flagge an Ihrer Veranda/Ihrem Balkon anbringen
- regelmäßig betonen, dass es keine »wirklich konservative« politische Partei in Deutschland gibt und Deutschland verglichen mit den USA ein sozialistisches Land ist
- in der Freizeit Khakihosen mit Bundfalten, Poloshirts, Baseballkappen und Slipper sowie ihr original Uni-Sweatshirt der Schule, an der sie während ihres Aufenthalts in Amerika waren, tragen
- jedes zweite Jahr an Weihnachten mit der Familie zum Shoppen nach New York City fliegen, wo sie sich mit den oben erwähnten Kleidungsstücken, iPhones, iPads und all dem anderen Luxuszeug eindecken, die ihre Frau an Carrie Bradshaw gesehen hat
- den Rest des Jahres jedem, den man kennt, erzählen, »wie toll New York in der Weihnachtszeit aussieht« und dass dieser *Abercrombie & Fitch*-Kapuzenpulli ein echtes Schnäppchen war, dass Sie aber bei Ihrer Rückkehr in das »überregulierte« Deutschland ein kleines Vermögen beim Zoll liegenlassen mussten, weil der Zollbeamte so neidisch auf Ihren Urlaub war.

Jetzt fragen Sie sich wahrscheinlich, was die Quintessenz für jemanden ist, der versucht, professionelle Hilfe von einem deutschen Experten zu bekommen. Die gute Nachricht ist, Sie werden weniger hart dafür arbeiten müssen als ein Deutscher. Deutsche Experten sehen sich gern als supertolerant gegenüber anderen Kulturen, die kennenzulernen sie während ihres Aufenthalts im *Big Apple* reichlich Gelegenheit hatten. Sie werden sich überschlagen, vor Ihnen mit dieser Toleranz anzugeben, indem sie Ihnen gönnerhaft langatmige Geschichten über ihre zahlreichen Begegnungen mit Leuten »aus Ihrem Land« während ihres Praktikums bei der Deutschen Bank erzählen.

Und wenn Sie tatsächlich amerikanischer Bürger sind, sind Sie auf eine Goldgrube gestoßen, mein Freund. Während deutsche Experten ihre sozialismusbegeisterten deutschen Mitbürger normalerweise wie Luft behandeln, werden sie keine Zeit verlieren, sich bei Ihnen einzuschleimen und Ihnen eine Reihe von persönlichen Fragen zu stellen, nur um Ihre höflichen Antworten häufig zu unterbrechen, um mit ihrem umfangreichen Wissen über die USA anzugeben. Dann werden sie Ihnen eine kleine Führung durch ihre Fotogalerie an ihrer Bürowand angedeihen lassen, wo sie stolz mehrere Fotos aus ihrer Zeit in Amerika angebracht haben. Auf diesen Fotos trägt der Deutsche eine Yankees-Baseballkappe, einen gelben Ralph-Lauren-Polosweater, Khakihosen mit Bügelfalten und Slipper mit weißen Socken. Zudem wird er bei einer der folgenden Aktivitäten abgebildet sein: essend bei einer amerikanischen Fast-Food-Kette, die es in

Deutschland nicht gibt, zum Beispiel Arby's, grinsend einen Football haltend oder auf dem Deck eines kleinen Bootes posierend, als der Mittlere eines Gruppenfotos mit zwei amerikanischen Bekannten, die Arme auf den Schultern.

Nutzen Sie Ihre neugewonnene Macht jedoch weise. Es könnte sein, dass Sie einen Rabatt auf eine juristische Beratung oder eine kostenlose Zahnbehandlung bekommen, aber wenn Sie sich zu eng mit einem deutschen Experten anfreunden, wird er versuchen, die Lage zu seinem Vorteil zu nutzen und Sie gönnerhaft als seinen neuen »Freund aus den USA« behandeln. Dann werden Sie recht schnell gezwungen sein, sich Gründe auszudenken, warum Sie Einladungen zu langweiligen Veranstaltungen absagen, wie Angelausflüge mit »ein paar von den Jungs von der juristischen Fakultät«, die »Sex and the City«-Mottogeburtstagsparty ihrer Frauen oder den zweiwöchentlichen englischen Debattierclub im örtlichen Starbucks, wo eine Gruppe von deutschen Experten sich trifft, um ihre Englischkenntnisse aufzufrischen, indem sie sich wichtigtuerisch in einem unnötig überzogenen amerikanisch-näselnden Tonfall, der Sie schaudern lässt, über Nichtigkeiten unterhalten.

Fernsehen

Wenn Sie Ihre deutschen Bekannten treffen, ist es von höchster Wichtigkeit, niemals etwas zu erwähnen, was Sie im Fernsehen gesehen haben oder gar den Vorschlag zu wagen, einen Fernseher, der sich in der Nähe befindet, anzuschalten. Sie würden unwiderruflich eine Grenze überschreiten und könnten nie wieder zurück, Sie mediensüchtiger Mainstream-Kulturbanause! Es gibt Berichte von Leuten, die es zurückgeschafft haben, aber nur gerade so eben. Zumindest müssten Sie geduldig einen sechsstündigen singapurischen Film-Noir-Marathon aussitzen und hinterher noch in der Lage sein, die Filme zwölf Stunden lang zu diskutieren, oder Sie müssten auf einer dieser zahlreichen Vernissagen auftauchen, zu denen Ihre deutschen Bekannten Sie ständig einladen. Als Faustregel gilt: Ein Outing zum Thema Fernsehen wiedergutzumachen ist eine übermenschliche Anstrengung, die man besser vermeidet.

Was das Misstrauen angeht, wird in Deutschland der Besitz eines Fernsehers nur noch vom Besitz eines Autos übertroffen. Es kann sein, dass Sie Ihren Fernseher nicht jedes Mal verstecken können, wenn Ihre deutschen Bekannten Sie besuchen kommen, deshalb müssen Sie zuerst durchschauen, wie Sie die Tatsache, dass Sie einen Fernseher besitzen, so »verkaufen«, dass es so harmlos wie möglich aussieht. Der größte Fauxpas, den Sie begehen können, ist offen zu erklären, dass Sie einen brandneuen 50-Zoll-HD-Flachbildschirm besitzen. Kein noch so großes vorgetäuschtes Interesse an der letzten Street-Art-Ausstellung Ihrer deutschen Bekannten wird genügen, um den Schaden wiedergutzumachen, den so ein Symbol des Falsche-Art-von-Ausländertums anrichtet. Seit Ende 2009 ist die maximale akzeptable Bildschirmgröße für Elitedeutsche 32 Zoll, da sie nicht zu beleidigend groß aussieht und relativ billig zu bekommen ist. Denken Sie daran: Eine Haupteigenschaft von Elitedeutschen ist es, ständig pleite zu erscheinen und kein Geld für überflüssige Dinge wie Fernseher oder gutes Essen auszugeben. Akzeptable Verwendungsmöglichkeiten für Geld sind Eigentumswohnungen in sanierten Altbauten oder 15 Gramm Kokain für einen lustigen Sonntagnachmittag im Berghain.

Lassen Sie es ein bisschen sacken: Ihre deutschen Bekannten werden Sie nicht nur danach beurteilen, welche Art von Sendungen Sie sehen, sondern auch danach, auf welcher Art von Fernseher Sie das tun. Das resultiert in einer interessanten umgekehrten Wechselwirkung: Je künstlerisch wertvoller und anspruchsvoller die Sendung, desto moderner und breiter darf Ihr Fernseher sein. Ein Beispiel: Eine Sendung, die an einem Mittwoch auf Arte um zwölf Uhr mittags ausgestrahlt wird und aus zwei gutaussehenden chinesisch-peruanischen Videojockeys mit ungepflegten Bärten besteht, die in einer leer stehenden Ostberliner Metzgerei sitzen, gekleidet in blutverkrustete,

neonfarbene American-Apparel-Overalls, und die ihre Macs
für einen Live-Remix von Ingmar Bergmans »Szenen einer
Ehe« mit einem französischen Dokumentarfilm über die
Entstehung der Detroit-Techno-Szene damals in den 80ern

zu einem Soundtrack von seltenen 80er-Jahre-Boogie-Edits
benutzen, kann sehr gut auf einem 28- bis 30-Zoll-Flach-
bildschirm angeschaut werden, sogar mit eingeschaltetem
Surround-Sound und offenen Fensterläden.

Dagegen kann man eine wirklich dumme Fernsehsendung
nur auf einem sehr alten und überholten Stück Fernseh-
Hardware durchziehen. Sich einen hirnverbrannten Blödsinn wie »Big Brother« anzusehen, bedeutet normalerweise
den augenblicklichen gesellschaftlichen Tod, wird aber auf
magische Weise cool und künstlerisch wertvoll, wenn Sie ihn

als Teil eines Flashmobs von mindestens 50 Elitedeutschen ansehen, die in Ihrem Wohnzimmer *Slash* Studio in einem billigen, aber sexy Pseudo-Mies-van-der-Rohe-Plattenbau sitzen, mit Mono-Sound, auf einem krisseligen, kugelförmigen, schwarz-weißen 60er-Jahre-Design-Fernseher aus weißem Leder, der auf einem Thirdhand-Eames-Tisch steht, den Sie während eines total spontanen, LSD-getränkten Wochenendtrips über die polnische Grenze in einem Secondhand-Möbelgeschäft entdeckt haben, was alles Teil eines ironischen Guerilla-Kunstprojekts war.

Zusammenfassend kann man sagen, dass Deutsche eine durch und durch komplizierte Beziehung zu allem haben, was das Fernsehen angeht. Die Ausnahmen sind dünn gesät: Abgesehen von Sendungen mit verwirrten dunkelhaarigen Mädchen, langweiligen Zeitlupe-Krimis, genannt »Tatort«, oder dem gelegentlichen Fußballspiel würden Deutsche lieber tot überm Zaun hängend gesehen werden als dabei, Spaß an einer Fernsehsendung zu haben.

Schön und gut, werden Sie vielleicht sagen, Deutschland ist schließlich auch als das Land der Dichter, Komponisten und Philosophen bekannt, also haben die Deutschen vermutlich keine Lust auf solch banale Unterhaltung. Nun, nicht ganz. Sehen Sie, was bisher gesagt wurde, gilt nur für Fernsehsendungen, die live ausgestrahlt werden und deshalb für jeden leicht zugänglich sind. Denn eigentlich lieben es die Deutschen, stundenlang am Stück fernzusehen, und dann jeden, der nicht schnell genug fliehen kann, damit vollzuquasseln, was sie gesehen haben.

Wie bei den meisten Sachen in Elitedeutschland werden Sie sich von Ihrer unbekümmerten Haltung befreien und die delikate Hierarchie verstehen müssen, die mit dem Prozess des Fernsehens verbunden ist. Die grundlegendsten Standards, die eine Fernsehsendung zu erfüllen hat:

- sie muss aus dem Ausland importiert sein
- sie darf nicht so leicht für jeden zugänglich sein
- sie muss gute Kritiken von Deutschen bekommen haben, die höher in der Hierarchie stehen, wie zum Beispiel Musikjournalisten.

Seit ein paar Jahren ist einer der Lieblingsfernsehsender der Elitedeutschen HBO, denn es gibt ihn nicht in Deutschland. Wenn der vorhergehende Satz unlogisch klingt, hilft es Ihnen vielleicht, wenn Sie ihn umdrehen: Weil es ihn in Deutschland nicht gibt, ist HBO der Lieblingssender der Elitedeutschen. Fernsehsendungen zu kennen, die auf HBO ausgestrahlt werden, macht Sie augenblicklich zu einem interessanteren Menschen.

Weil HBO in Deutschland nicht verfügbar ist, sind die Deutschen gezwungen, die neuesten Folgen von Sendungen wie *The Sopranos, Curb Your Enthusiasm* oder *The Wire* illegal herunterzuladen. Diese Sendungen werden dann auf DVD gebrannt und in der Peergroup weitergegeben. Das Ritual des Tauschens von obskuren Serienfolgen versetzt den interessierten Beobachter in die Lage, die Hierarchie der Coolness in jeder Gruppe von Elitedeutschen herauszufinden. Immer derjenige, der die neue Folge von *The Wire* als Erster in die Finger bekommt, ist ein ergiebiges Ziel für Anbiederungsversuche – Sie sollten oft in seinem Dunstkreis gesehen werden.

Die Aufnahme von neuen Fernsehserien folgt immer einem uralten Muster, das Sie übernehmen können. Wenn einer Ihrer deutschen Bekannten Sie nach einer neuen Fernsehserie fragt, wird von Ihnen erwartet, dass Sie antworten: »Am Anfang wusste ich nicht so recht, was ich mit *The Wire* anfangen sollte, ich meine, es geht echt langsam los, aber nachdem ich fünf oder sechs Folgen gesehen habe, war ich süchtig, Mann! Dann habe ich drei volle Tage damit verbracht, alle existierenden Folgen nacheinander anzuschauen. Heftig, aber das war's total wert! Es ist einfach großartiges Fernsehen! Danke, dass du mir davon erzählt hast!«

Aber werden Sie nicht zu übermütig. Sie wollen schließlich keinen Deutschen herausfordern, wenn es um ausländische Fernsehserien geht. Egal wie gut Sie die Dialoge, aus sagen wir mal den *Sopranos,* auswendig können – Ihre deutschen Bekannten werden Sie in irgendeinem unwichtigen Detail korrigieren oder Sie wissen lassen, dass die Aspekte, die Sie mochten, eigentlich nicht die interessantesten waren. Wenn sie erst einmal eine neue Lieblingssendung gefunden haben, ist ihre Expertise unschlagbar. Es ist fast, als würden all diese berühmten deutschen Eigenschaften wie Sorgfalt, Präzision und Gründlichkeit, wenn sie nicht auf so langweilige und etablierte Themen wie, ähm, einen Beruf angewandt werden, irgendwie auf die wichtigeren Dinge des Lebens wie ausländische Fernsehserien übertragen.

Filmproduzenten

Einer der wenigen akzeptablen Karriereschritte für Deutsche ist, beim Film mitzumachen. Warum, ist leicht einzusehen: Menschen, die in der Filmindustrie arbeiten, werden für ihre Kreativität bewundert, haben ein super-interessantes Leben, verdienen eine Menge Geld und kommen problemlos damit durch, spleenige Accessoires zu tragen wie Schals in geschlossenen Räumen oder riesige, dick umrandete Brillen mit Fensterglas.

Deutsche Regisseure, Produzenten und Schauspieler haben alle etwas gemeinsam, was man als angeberische Bescheidenheit bezeichnen könnte. Sie benutzen zum Beispiel den Ausdruck »Filmemacher« für das, was sie tun, weil das ein bisschen von ihrer spießigen Mittelklassegrundhaltung ablenkt und ihnen ein abgefahrenes, ungekämmtes »Junge Wilde«-Image verleiht. Ihre Auffassung vom Regieführen entspricht dem Ärmelhochkrempeln zur Reparatur des Motors ihres VW Käfers damals in den 70ern, ungefähr zu der Zeit, als sie das letzte Mal eine originelle Idee hatten.

Was auch immer Sie von deutschen Filmen halten mögen, vergessen Sie niemals, dass sich negativ darüber zu äußern, als schlechtes Benehmen betrachtet wird, denn jeder einzelne deutsche Bürger hat über die Steuern einen kleinen

Teil des Films bezahlt. Ja, Sie lesen richtig. Während man in anderen Berufen Talent und Glück haben und sehr hart arbeiten muss, um es zu etwas zu bringen, ist die deutsche Filmindustrie nicht von Kartenverkäufen abhängig, denn ihre Filme sind im Allgemeinen lange vor der Premiere bezahlt. Für einen Deutschen ist die einzig mögliche Art und Weise, über deutsche Filme zu sprechen, lobend und positiv überrascht, denn ihm gehört ein kleiner Teil davon.

Deutsche suchen immer nach Wegen, ihre Persönlichkeit zu stärken, indem sie sich prätentiös von der Masse distanzieren. Deshalb erzählen sie allen nur zu gern, dass sie sich nicht mehr für diese klischeehaften, faden, geistlosen, Millionen Dollar einspielenden Hollywoodfilme interessieren. Und deshalb ist auch das einzige Filmgenre, das zu mögen sie zugeben, »der irre komische Indie-Film«. Wenn Sie das wörtlich nehmen, könnten Sie zu dem Schluss kommen, dass Ihre deutschen Bekannten wahre Filmkenner sind, die die Leistung eines Regisseurs oder Schauspielers ganz leicht beurteilen können, indem sie aus einem unermesslichen theoretischen Wissensschatz über den Film an sich schöpfen. Nun, nicht unbedingt. Sie werden bereitwillig glauben, ein Film sei interessant, frisch, originell und hip, wenn er als »Indie« vermarktet wird.

Das Einzige, das deutsche Kinogänger noch mehr begeistert als ein deutscher Indie-Film ist ein Indie-Film, der von einem ausländischen Regisseur in Deutschland gedreht wird. Was soll's, die Deutschen haben Quentin Tarantino sogar sieben Millionen Euro Steuergelder dafür bezahlt, dass er

»Inglorious Basterds« in Deutschland dreht, warum sollten Sie also nicht auch diese Großzügigkeit nutzen und ausnahmsweise einmal Ihren Ausländerstatus dafür einsetzen, ein bisschen leichtverdientes Geld nebenbei zu machen?

Sie müssen sich nicht eine Sekunde Gedanken machen, ob Sie das nötige Talent oder die Kreativität dazu besitzen. In Deutschland muss ein erfolgreicher Indie-Film in Besetzung, Inhalt und Darstellung sehr ähnlich sein wie alle anderen deutschen Indie-Filme davor. Das Drehbuch, die Besetzung, die Regie und die Schauspielerei folgen alle einem standardisierten »Malen nach Zahlen«-Prozess, den man leicht lernen kann, indem man einen ausländischen Erfolgsfilm kopiert und ihn verwässert, bis jeder potentiell anrüchige oder originelle Aspekt eliminiert ist.

Für den Anfang hier eine Liste von Elementen, die in jedem deutschen Indie-Film enthalten sein müssen, der ein Kassenschlager werden will:

- Die Eröffnungsszene muss allein aus der Hauptfigur bestehen, die still aus einem Bus- oder Zugfenster starrt, während der folkige Titelsong in voller Länge gespielt wird.
- Nehmen Sie nur Schauspieler und Schauspielerinnen, deren echte Namen genauso eigenartig, wenn nicht noch eigenartiger sind als die Namen ihrer Figuren.
- Jede Figur wohnt in einer makellosen, geräumigen, toll eingerichteten Altbauwohnung, unabhängig von Alter oder Einkommen.

- Fahrräder werden grundsätzlich zur Zierde gefahren, nicht aus Notwendigkeit.
- Es muss eine hektische Szene in einem lauten Technoclub geben, als Symbol für die mangelnde Kommunikation zwischen den Protagonisten.
- Eine unnötige Sexszene mit hässlichen Menschen mittleren Alters sorgt für zusätzlichen »Realismus«.
- Es braucht ein spätnächtliches Gespräch über eine Fernsehserie aus den 80er-Jahren oder anderes popkulturelles Retro-Zeug, mit dem sich Ihr Publikum »ja so gut« identifizieren kann.
- Alternativ eine Szene in einem Plattenladen, wo zwei der Protagonisten über Vinylplatten, die sie beide lieben, ihr Interesse aneinander entdecken.
- Der Film wird dazu beitragen, dass ein lang in Vergessenheit geratenes musikalisches Genre für die nächsten drei Monate zum heißen neuen Trend werden wird und Ihre deutschen Freunde dazu inspirieren, Themenpartys in Anlehnung an Ihren Film zu schmeißen.
- Drei Minuten wirklich witziger Dialoge oder frischer Ideen einbauen, die in der Filmvorschau vielversprechend klingen, sich aber als ein wenig enttäuschend herausstellen, wenn sie zu 95 Minuten Furzwitzen und totgetretenen Klischees ausgedehnt werden.
- Während der zahlreichen emotionalen Momente wird die Musik so leise, dass man die Explosionen vom Actionfilm im Saal nebenan hört.
- Ein sehr bekannter, sehr lästiger Schauspieler, den man

aus furchtbaren Mainstream-Filmen kennt, wird eine kleine Nebenrolle spielen, und dieser kurze Auftritt wird hervorragende Kritiken bekommen.

- Ein Trip nach Paris. Einer der Protagonisten hat eine Affäre mit einer attraktiven, unglaublich französisch aussehenden Französin.

- Eine alternative, freigeistige Frau inspiriert einen gutaus-sehenden, aber hochnäsigen und etablierten Mann, der eine Menge typische Machosachen macht, seine Sicht auf das Leben zu ändern und die Vorteile des alternativen Lebensstils anzuerkennen, dem er sich, nach ein paar amüsanten Wendungen in der Handlung, verschreibt, ohne je zurückzublicken, und sich am Ende in seine »Muse« verliebt.

- Das besagte Mädchen muss am Anfang immer grotesk »hässlich« aussehen, was bedeutet, dass sie die für ein hässliches Mädchen typischen wirren Haare hat, eine dick umrandete Brille und pastellfarbige Omaklamotten. Aber an einem gewissen Punkt im Film tauscht sie ihre Brille gegen Kontaktlinsen, trägt ein wenig Make-up auf und verwandelt sich in eine superheiße Femme fatale, was unseren Helden vollkommen aus der Bahn wirft.

- Das Mädchen von Punkt 15 wird als superintelligent dargestellt, aber es wird nie erklärt, warum sie nie daran gedacht hat, ihr Aussehen schon früher in ihrem Leben zu ändern, oder warum sie auf den oberflächlichen, aber attraktiven Hauptdarsteller abfährt.

- Die Hauptfigur muss einen verantwortungslosen »besten

Freund« mit Gewichtsproblemen haben, den überraschenderweise alle mögen.

- Auch noch das tiefste, nachhaltigste psychologische Problem kann aufgearbeitet werden, indem man aus dem Fenster eines fahrenden Autos schreit, dann zusammen lacht und schließlich Liebe macht.

- Eine Person, die ihren Kopf aus besagtem fahrenden Auto streckt und ihre oder seine Haare im Wind wehen lässt und dabei schweigt, ist eine sensible, tiefsinnige und wahnsinnig interessante Figur.
- In der Schlussszene wird die Leinwand plötzlich weiß, was der allgemein anerkannte visuelle Schlüssel für Tiefsinnigkeit ist und es dem Publikum überlässt, über die »verborgene« Bedeutung des Films nachzudenken.

Falls Sie das deutsche Kinopublikum wirklich faszinieren wollen, suchen Sie sich einen der oben genannten Punkte aus und tun Sie genau das Gegenteil davon. Statt zum Beispiel dafür zu sorgen, dass das hässliche, heimlich schöne Mädchen sich in eine Femme fatale verwandelt, lassen Sie sie einfach ihre dick umrandete Brille bis zum Schluss tragen. Man wird Ihnen als wahrlich abenteuerlustigen Indie-Filmpionier applaudieren, weil Sie keine Angst davor haben, »mit den Erwartungen des Publikums zu spielen«.

Fortbewegungsmittel

Die Deutschen sind weltberühmt für ihre Liebe zum Automobil. Sie haben es sogar erfunden! Autos deutscher Marken werden in die ganze Welt exportiert, und die Automobilindustrie ist einer der Hauptindustriezweige in Deutschland. Also würde man ganz natürlich davon ausgehen, dass die Einheimischen auf schicke Luxusautos von BMW, Mercedes, Porsche und Audi abfahren. Sie haben vielleicht sogar selbst schon darüber nachgedacht, sich ein Luxusauto zuzulegen, um sich den Deutschen anzupassen.

Immer langsam mit den jungen Pferden, Ausländer! Ihre Wahrnehmung von Deutschland ist rührend altmodisch. Die einzigen Leute in Deutschland, die noch offen zugeben, Autos zu mögen, sind entweder »die falsche Art von Deutschen« oder Leute mit türkischen Wurzeln. Leider werden beide demografischen Gruppen Ihnen keine große Hilfe sein, wenn Sie von der deutschen Elite akzeptiert werden wollen.

In einem Gespräch mit einem Elitedeutschen ist die einzig akzeptable Art, Autos zu erwähnen, negativ von ihnen zu sprechen. Dafür wird Ihre vorgebliche Aversion gegen Autos das Band zwischen Ihnen und Ihren neuen deutschen Bekannten festigen. Das gilt vor allem, wenn Sie versuchen, mit jemandem anzubändeln.

Ihre zukünftige Freundin mit dem Auto abzuholen, wird Sie wie den langweiligsten und spießigsten Menschen auf Erden aussehen lassen und bei der Auserwählten Bilder von ihrem übereifrigen Vater heraufbeschwören, der mehr Zeit und Gedanken an sein Auto verschwendete als an ihre Rudolf-Steiner-Erziehung. Deshalb ist in Deutschland der Besitz eines Autos nicht wie überall sonst auf der Welt ein »Sexkatalysator«, sondern der sichere Weg, sich Ihr Sexualleben ein für alle Mal zu ruinieren.

Es gibt allerdings eine Ausnahme von dieser Regel. Wenn Sie unbedingt ein Auto besitzen müssen, wählen Sie ein richtig lahmes, abgewracktes, altes Auto und kleben Sie ein paar ironische Aufkleber darauf wie »Indy 500«, »1972« oder »In meinem früheren Leben war ich ein Porsche«. Es geht darum, die Tatsache, dass Sie ein Auto besitzen, so ironisch wie möglich erscheinen zu lassen. Ähnlich wie bei »schönen Altbauwohnungen« gilt auch hier: Je heruntergekommener und reparaturanfälliger Ihr Auto ist, desto romantischer und hipper werden Sie für die deutsche Elite erscheinen. Sie werden Sie immer noch als trendige, wenn auch ein wenig verrückte Person akzeptieren können, die »viel zu clever ist, um materialistisch zu sein«.

Trotzdem ist das ironisch schäbige Auto immer noch für keinen Elitedeutschen die erste Wahl des persönlichen Fortbewegungsmittels. Die Siegerposition hält unerschütterlich: das Fahrrad.

Schön und gut. Es gibt eine Menge Argumente, die gegen das Fahrradfahren sprechen. Erwachsen sein ist eines davon.

Oder die ungeheure Anzahl der Regentage in Deutschland. Elitedeutsche dagegen können Ihrer vernünftigen Herangehensweise an persönliche Fortbewegungsmittel nicht folgen. Sie fahren bis weit über das Alter von 40, 50 oder sogar 60 Jahren hinaus mit Begeisterung Fahrrad, Skateboard oder welche Kinderspielzeuge sie sonst noch bevorzugen.

Wenn Sie versuchen, sich in Deutschland anzupassen, könnte es sein, dass Sie genug Gefühl für das elitedeutsche Fahrraddogma entwickeln, dass Sie es auf sich nehmen, ein Fahrrad zu kaufen, um zur Entspannung auf dem Land damit zu fahren. Das ist so falsch gedacht, Ausländer. In Deutschland geht es beim Fahrradfahren darum, es jeden Tag zu tun, direkt in der Stadt, wo der starke Verkehr ist. Deutsche Fahrradfanatiker werden Ihnen oft sagen, sie fänden es toll, wenn es in allen deutschen Städte so wäre wie in Amsterdam, die Stadt, die jeder Elitedeutsche liebt und verehrt. Erwähnen Sie nicht, dass Amsterdam eine weit bessere Infrastruktur und Topografie fürs Fahrradfahren besitzt, so dass Fahrräder dort natürlich aussehen und nicht vollkommen fehl am Platz wirken wie in deutschen Städten. Eine solche Bemerkung würde Ihre deutschen Bekannten sehr traurig machen und ihnen einen Anfall von geringem Selbstwertgefühl bescheren. Die Geschichte lehrt uns, dass die Welt besser dran ist, wenn Deutsche nicht an Selbstwertproblemen leiden.

Natürlich liegt ein eklatanter Widerspruch im Denken und Handeln von Elitedeutschen. Sie fantasieren alle davon, dass diese unbedeutenden, knapp mittelgroßen Städte eines Tages an Metropolen wie Los Angeles oder Shanghai heranreichen, aber gleichzeitig applaudieren sie jedem Vorstoß, der gemacht wird, um Berlin, Hamburg, München und Köln zu enturbanisieren und sie »fahrradfreundlicher« zu machen. Verzichten Sie darauf, diese Widersprüche gegenüber Ihren deutschen Bekannten zu erwähnen. Sie werden sonst sofort als etwas typisiert, was von »komplizierter und unspontaner Ausländer« bis »absonderliches Kapitalistenschwein« reichen kann, je nach Aggressionsgrad Ihres deutschen Bekannten an diesem Tag, und um es wiedergutzumachen, müssten Sie wahrscheinlich dieser Person mehrmals hintereinander beim Umzug helfen. Vergessen Sie nicht, Deutsche haben alle eine riesige Plattensammlung und wohnen normalerweise im fünften Stock eines »schönen Altbaus«.

Noch ein Grund, warum Deutsche sich auf Fahrrädern so lieben, liegt in all der positiven Symbolik, die sie mit dem Fahrradfahren verbinden. Zum Beispiel ist die Traumfrau jedes deutschen Mannes eine Französin mit »Amélie«-Pony, gekleidet in ein ironisches Omakleid und eine nicht dazu passende, neonfarbene American-Apparel-Trainingsjacke und Retroturnschuhe, die ein frisches Baguette unterm Arm trägt und im »19ème Arrondissement« in Paris auf ihrem altmodischen »Damenrad« herumfährt, um die Guerilla-Ausstellungen ihrer Künstlerfreunde zu besuchen.

Entsprechend ist der Traumsexpartner jeder deutschen Frau dieser schmuddelig-gutaussehende 35jährige Skatertyp, der seine Tage mit Fahrradfahren verbringt, statt etablierte, patriarchale Charakterzüge wie Ehrgeiz, Karrierismus oder Interesse an Fußball zu zeigen. Elitedeutsche Frauen haben gerne zwei Jobs, um dem Typ mehr »Auszeiten« zu verschaffen und seine Hobbys – Marihuana und Fahrräder – zu finanzieren.

Deutsche lieben es, sich wie überlegene Umweltschützer zu fühlen und gleichzeitig ihre langgehegten Aggressionen auszuleben. Beides kann man haben, wenn man in einer größeren deutschen Stadt Fahrrad fährt. Es ist Pflicht für jeden deutschen Radfahrer, immer und überall eine aggressive und verärgerte Grundhaltung zu pflegen. Das rührt aus einem starken Gefühl der Überlegenheit her. Ihr täglicher Kampf gegen böse, protofaschistische Autofahrer und lahme, ziellos herumlaufende Fußgänger hat sie langsam, aber sicher zu dem Glauben geführt, dass sie die einzigen zurechnungsfähigen Leute sind, die auf dieser wahnsinnig gewordenen Welt noch übrig sind.

Das einzige Gute daran, in Deutschland Fahrradfahrer zu sein, ist, dass nicht nur die Verkehrsregeln für Sie offiziell nicht gelten, sondern dass Sie auch eine »eingebaute moralische Überlegenheit« haben, sobald Sie auf Ihr Fahrrad steigen. Das erfordert eine etwas andere Herangehensweise an den Straßenverkehr:

- Wo immer ein Gehweg ist – benutzen Sie ihn, und verlangsamen Sie Ihre Geschwindigkeit nicht, damit die Fußgänger sich so unbehaglich wie möglich fühlen. Sie können sogar noch ein bisschen schneller fahren, denn auf dem Gehweg besteht keine Gefahr, mit einem Auto zusammenzustoßen. Wenn Sie mit einem Fußgänger zusammenstoßen, schreien Sie irgendeine Beleidigung und sehen Sie zu, dass Sie wegkommen. Denken Sie daran, Sie sind Teil der Elite und schulden dem ziellos herumwandernden Pöbel keine Entschuldigung.

- Sie sollten wissen, dass Ampeln, Einbahnstraßen, Stoppschilder und ähnlicher Unsinn in deutschen Städten nach dem Zweiten Weltkrieg von *denen da oben* aufgestellt wurden. Ignorieren Sie sie einfach, das wird als mutiges Statement interpretiert werden, dass Sie ein stolzer Deutscher sind, der sich nicht bei überzogen sicheren, amerikanisierten Regeln und Gesetzen »einschleimt«, genau wie »die Freidenker in Amsterdam«. Wenn eine andere deutsche Person auf einem Fahrrad Sie über eine rote Ampel fahren sieht, wird er oder sie auf der Stelle Kinder mit Ihnen haben wollen.

- Falsch herum in Einbahnstraßen und über rote Ampeln zu fahren, wird leider unvermeidlich zu einer Menge Beinahe-Unfällen führen. Sie können sich aber sicher sein, dass es Ihr gottgegebenes Recht ist, aus jeder unerwarteten Richtung, die Ihnen passt, plötzlich in den Verkehr zu rasen. Jede gefährliche Situation wird auf das arrogante, unfähige Verhalten der Autofahrer zurückzuführen sein. Sie haben dann die gesetzliche Erlaubnis, ihnen eine Delle in die Tür zu treten, die Motorhaube zu zerkratzen oder, wenn Sie ein erfahrener deutscher Radfahrer sind, sogar von Ihrem Fahrrad zu steigen und eine Prügelei anzufangen. Machen Sie sich keine Sorgen um die Konsequenzen. Die anwesenden Elitedeutschen werden Ihnen im Normalfall dafür applaudieren, dass Sie es diesen bösen Autofahrern heimzahlen und für Sie die Polizei belügen.

Aber seien Sie gewarnt: Zerkratzen Sie nie das Auto eines Deutschen mit türkischen Wurzeln oder denken Sie nie auch nur daran, eine Prügelei mit ihm anzufangen. Sie wissen schon, die Jungs in diesen getunten schwarzen BMWs.

Fazit: Als Fahrradfahrer haben Sie in Deutschland eine eingebaute moralische Überlegenheit, und durch die fehlende Rechenschaftspflicht müssen Sie sich nicht einmal an Ihre eigenen Regeln halten. Jeder Autofahrer, den Sie kennen, muss Sie gehorsam und umsonst mitnehmen, wenn Ihnen danach ist. Denken Sie daran, es gibt viele Regentage in Deutschland, und Sie wollen doch nicht zu spät zu der Aufnahmesession in Ihrem provisorischen Studio kommen.

Frauen der oberen Mittelschicht

Historisch gesehen waren deutsche Frauen der oberen Mittelschicht, oder »FOMs«, wie sie allgemein genannt werden, schon immer ein bisschen schwer zu verstehen, vor allem für deutsche Männer aus der unteren Mittelschicht, die man oft über einen gewissen Mangel an Verlässlichkeit und Berechenbarkeit bei ihren Freundinnen klagen hört. Sie verstehen nicht, dass diese Charakterzüge in Wahrheit wünschenswert sind und selbst den langweiligsten Frauen die sehr begehrte Aura verleihen, spontan, hip und nonkonformistisch zu sein.

Elitedeutsche haben lieber komplizierte Beziehungen als entspannte, da sie eine unerschöpfliche Quelle an Gesprächsthemen darstellen. Für Elitedeutsche gibt es nur wenig, was verdächtiger ist als ereignislose, glückliche Beziehungen. Folglich ist ein Typ, der in einer komplizierten Beziehung mit einer FOM steckt, automatisch interessanter für andere FOMs – Zuneigung, die er für kostenlosen Galao, Rat und Trostsex ausnutzen kann.

Die Wege der deutschen Frauen der oberen Mittelschicht wären wahrscheinlich für immer rätselhaft geblieben, wenn nicht durch einen Glücksfall von der Größenordnung der Entdeckung des Steins von Rosette eine Person gefunden worden wäre, die man als Vorlage für alle deutschen FOMs von heute sehen kann. Die Biografie dieser Patientin null liest sich wie ein Handbuch zum Verständnis der heutigen deutschen Frauen der oberen Mittelschicht: Auftritt Patty Hearst. Für diejenigen, die nicht vertraut sind mit Pattys Geschichte, möchte ich sie rekapitulieren und mit der typischen Biografie einer deutschen Frau der oberen Mittelschicht vergleichen:

Patty Hearst wurde als privilegiertes Kind in eine privilegierte Familie hineingeboren. Ihr Großvater, William Randolph Hearst, erfand den Boulevardjournalismus und inspirierte Orson Welles zu Citizen Kane. *Patty wuchs in einem konservativen, reichen Umfeld auf und wurde zu einer unpolitischen, behüteten jungen Frau, die sich an einer schicken Highschool einen »Preis für die beste Schülerin« verdiente.*

Deutsche FOMs wurden ebenfalls in konservative Familien wohlhabender Anwälte, Ärzte und Banker hineingeboren. Sie leben ein ereignisloses Leben, sind außergewöhnlich gut in der Schule und normalerweise ziemlich langweilige, naive und apolitische Wesen.

Pattys Leben veränderte sich unwiderruflich im Alter von 19 Jahren. Eine Gruppe von bewaffneten Männern, die sich selbst die Symbionese Liberation Army *nannte, ein paar selbsternannte Revolutionäre, brach in ihre Wohnung ein, entführte sie und hielt sie in einem Versteck im südlichen San Francisco fest. Laut ihrer Biografie hielten ihre Entführer sie 57 Tage in einem dunklen Wandschrank gefangen.*

Wenn eine deutsche FOM 19 wird, verlangt die Gesellschaft von ihr, von ihrem behüteten, verweichlichten Leben gelangweilt zu sein. Leider liegt die Wahrscheinlichkeit, von Revolutionären entführt zu werden, nahe null, deshalb muss eine deutsche FOM sich ihre »Revolutionäre« selbst suchen. Das ist der Moment, in dem sich deutsche FOMs entscheiden, sich an einer Universität in einer großen deutschen Stadt wie Berlin einzuschreiben. Zum ersten Mal in ihrem Leben müssen sie mit der Tragödie zurechtkommen, auf sehr beengtem Raum leben zu müssen, in ihrem »dunklen Wandschrank«, wenn Sie so wollen, und die riesige Villa mit Park, in der sie aufgewachsen sind, gegen eine magere 120-Quadratmeter-Altbauwohnung in Berlin-Mitte einzutauschen. An dieser Stelle passiert die magische Verwandlung:

In ihrer eigenen Erzählung der Ereignisse sagt Patty Hearst, man habe ihr die Wahl gelassen, getötet zu werden oder sich der »SLA« anzuschließen. Sie schloss sich an und nahm einen neuen Namen an: »Tania«. Als Tania half sie ihren neuen Revolutionärsfreunden, Flugblätter mit linken Parolen zu verteilen und beteiligte sich sogar an einem Banküberfall, wobei sie von einer Überwachungskamera gefilmt wurde, inzwischen mit ungepflegten, dunklen Haaren, Pony und Secondhandkleidung. Jetzt unter starkem Druck durch die Polizei stehend, war die Gruppe gezwungen, ihren Aufenthaltsort oft zu wechseln, und viele ihrer Mitrevolutionäre wurden von der Polizei erschossen. Irgendwie schaffte es Patty immer, sich aus der Gefahr herauszuhalten, bis sie schließlich vom FBI verhaftet wurde. Als man sie beim Abnehmen ihrer Fingerabdrücke nach ihrem Beruf fragte, war ihre Antwort Stadtguerilla.

Wie Patty Hearst stehen auch deutsche FOMs, wenn sie sich im hippen Stadtviertel ihrer Wahl niedergelassen haben, vor zwei Möglichkeiten: Entweder sie schließen sich den »richtigen« Leuten an oder sie begehen gesellschaftlichen Selbstmord. Aufgrund ihrer zerbrechlichen Egos entschließen sich die meisten FOMs, wie ihre Nachbarn zu werden: Sie färben sich die Haare dunkel und tauschen ihren Namen gegen einen neuen, hipperen, zum Beispiel »Mrs Cupcakes«. Bald nachdem sie sich der deutschen Elite angeschlossen haben, die oft aus genialen, aber verkannten Künstlern besteht, entwickeln deutsche FOMs ein Interesse an hippen Underground-Dingen wie Flashmobs, Guerilla-Vernissagen oder Fünf-Tage-Wochenenden.

Sobald ihre »rückständigen« Eltern von ihren neuen Freunden erfahren, hören sie im Allgemeinen auf, ihnen die Miete zu bezahlen, weshalb sie gezwungen sind, in eine Wohngemeinschaft mit Elitedeutschen zu ziehen. Dort werden sie, um sich weiterhin den Anstrich einer Nonkonformistin zu geben, so tun, als wären sie genauso ziellos wie ihre Mitbewohner, während sie heimlich an ihrem Abschluss in Jura arbeiten. Deutsche FOMs sind sich, genau wie Patty Hearst, vollkommen bewusst, dass ihr neuer »Stadtguerilla«-Lifestyle nichts als ein kurzlebiges, prätentiöses Manöver ist, um ihre Obere-Mittelschicht-Schuldgefühle zu lindern.

Patty verbrachte fast zwei Jahre im Gefängnis, bis Präsident Jimmy Carter sie begnadigte. Heraus aus dem Gefängnis, heiratete sie bald ihren stattlichen Bodyguard. Von da an lebte sie wieder das Leben einer typischen, verwöhnten, reichen Erbin

und »Societylady«, veröffentlichte eine Biografie, schrieb ein
paar schnell vergessene Krimis, spielte in ein paar künstlerisch
wertvollen Filmen mit, prahlte auf dem Travel Channel mit den
Reichtümern ihrer Familie und züchtete Hunde. Wenn sie nach
der Scheinheiligkeit gefragt wird, an einer revolutionären Zelle
teilzunehmen und kurz danach den Lebensstil genau der Leute
zu pflegen, gegen die sie sich einst engagiert hat, sagt Patty
Hearst gerne, dass man sie einer »Gehirnwäsche« unterzogen
habe, damit sie sich diesen Leuten anschloss.

Wenn deutsche FOMs begnadigt werden (sprich: ihren Universitätsabschluss schaffen), haben sie üblicherweise die Nase voll von den storchbeinigen, nasal sprechenden Künstlertypen, die sie in ihrer nonkonformistischen Phase kennengelernt haben, und heiraten übergangslos jemanden, der mehr Macho ist, und mit dem sie dann ein ereignisloses Leben mit der arroganten Selbstzufriedenheit leben, dass sie einst Teil der Counter-Culture waren.

Grillen

In den meisten Kulturen ist zusammen zu Mittag oder zu Abend zu essen eine tolle Gelegenheit, neue Bekannte kennenzulernen, »das Eis zu brechen« und eine Freundschaft aufzubauen. Die Sozialwissenschaften haben bewiesen, dass die Essenszeit die wichtige Zeit des Tages ist, in der man vom Stress am Arbeitsplatz ausspannen und endlich ein bisschen dringend benötigte Behaglichkeit in einer konkurrenzfreien Umgebung erfahren kann.

In Ihrer Heimat haben Sie vielleicht Begeisterung geerntet, wenn Sie Ihre Gäste in dieses tolle, wenig bekannte Restaurant mitgenommen haben, das Sie neulich entdeckt haben. Diese Methode auf Ihre deutschen Bekannten anzuwenden wäre einer der schlimmsten Fauxpas, die Sie überhaupt begehen können. Für Deutsche ist in einem richtigen, womöglich noch teuren, Restaurant zu essen gleichbedeutend mit purer Verschwendung von Zeit, Geld und Gelegenheit, nackt bei 15 Grad draußen zu sein. Sie sollten sich daran gewöhnen, dass in Deutschland die wenig spontane Aufnahme von Essen ein besonders heikles, wenn nicht kontroverses Thema ist.

Deutsche ziehen einen extrem großen Teil ihres Selbstbewusstseins daraus, alles so lässig und spontan wie möglich

109

zu machen, oft bis zu dem Grad, dass die Lässigkeit und Spontaneität anfängt, alle Züge eines ausgewachsenen Rituals zu entwickeln.

Eines dieser total wichtigen Rituale, die ein Ausländer nutzen kann, um sich den Respekt seiner deutschen Bekannten zu erwerben, ist eine Grillparty.

Wie Sie vielleicht bemerkt haben, sind Deutsche regelrechte Grillfanatiker, die kein Problem damit haben, jeden Tag von Februar bis November Grillpartys zu veranstalten. Aller Wahrscheinlichkeit nach werden Sie von Ihren deutschen Bekannten bald zu einer Grillparty an einem »heißen« Sommertag eingeladen. »Heißes Wetter« beginnt in Deutschland bei 23 Grad Celsius, nehmen Sie also einen Pullover mit.

»Nichts einfacher als das«, werden Sie vielleicht versucht sein zu sagen, »Grillpartys machen Spaß, was könnte wohl einem netten Abend im Wege stehen?« Mit einem Wort: viel. Was Ausländer in Deutschland oft nicht einkalkulieren, ist das hochentwickelte Regelwerk, das mit jedem gesellschaftlichen Ereignis verbunden ist. Als Faustregel gilt: Je nachdrücklicher Ihre deutschen Freunde den spontanen und lässigen Charakter einer Zusammenkunft ausrufen, desto mehr Fallgruben gilt es zu vermeiden.

Natürlich könnten Sie einfach unbekümmert loslegen, tun, was Ihnen gefällt, und somit tatsächlich lässig an die Grillparty herangehen, doch solch ein Verhalten wird Ihnen weder Respekt von Ihren deutschen Bekannten einbringen, noch wird es ihr Bild von Ihnen bestätigen, dass Sie »aus demselben Holz geschnitzt« sind wie sie.

Wie grillt man also auf deutsche Art? Sorgen Sie zunächst dafür, den richtigen Ort auszuwählen. Finden Sie den trashigsten, überfülltesten öffentlichen Park in Ihrer Stadt und lassen Sie sich nicht von der dichten Rauchwolke der Hundert anderen Grillpartys dort abhalten. Ihre deutschen Bekannten werden den Andrang als Bestätigung für die Beliebtheit dieses Ortes unter ihren Peers betrachten. Deutsche blühen erst so richtig auf, wenn sie dicht von vielen anderen Leuten umgeben sind, die dasselbe tun. Schauen Sie sich den History Channel an, wenn Sie einen Beweis dafür brauchen.

Als Nächstes wird es Zeit, sich über Ihre Garderobe für das »große Ereignis« Gedanken zu machen. Denken Sie daran, dass die Wahl Ihrer Kleidung Ihnen diesen gewissen zwang- und sorglosen Anstrich geben muss. Mit einem ironischen T-Shirt, einer hautengen Teenie-Jeans und Converse Chucks sind Sie auf der sicheren Seite. Fügen Sie dem noch eine Billigsonnenbrille und einen Jack Wolfskin-Rucksack in fürchterlicher Farbgebung hinzu, und Sie sind einmalig. Eines noch zum Thema Hosen: Wenn Sie Shorts tragen, sorgen Sie dafür, dass es eine klassische Military-Cargoshorts ist, denn normale »papihafte«, schlichte Shorts sind ein riesiger Mode-Fauxpas für Deutsche von der Elitesorte. Ja, der entscheidende Unterschied sind Cargotaschen.

Wenn Sie eine Frau sind, gilt im Grunde derselbe Dresscode, sorgen Sie aber dafür, dass Sie jegliches Anzeichen von Weiblichkeit verwässern. Ein bodenständiger, aber trendiger Lausbuben-Look ist vorzuziehen, also tragen Sie weite

Männerklamotten und machen Sie sich auf dem Weg zu der Veranstaltung ein bisschen schmutzig, als hätten Sie unterwegs Ihr Fahrrad reparieren müssen. Bonuspunkte bringen ein Fußball oder ein original 80er-Jahre-Ghettoblaster, auf dem Sie die neuesten DJ-Mixes der Anwesenden spielen können. Machen Sie sich keine Sorgen, jeder Deutsche hat immer und überall seinen neuesten DJ-Mix in einer Vielzahl von Medienformaten bei sich.

Wenn Sie auserwählt wurden, den Grill mitzubringen, ist die obligatorische Art, ihn zu kaufen, an einer Tankstelle, und zwar nicht früher als eine Stunde vor dem Event. Selbst wenn Sie das genaue Datum schon seit Wochen kennen, lösen Sie bei Ihren deutschen Bekannten ernsthafte Zweifel an Ihrer Bereitschaft zu zwanghafter Spontaneität und entschlossener Hipness aus, wenn Sie sich schon Tage vorher auf die Grillparty vorbereiten, und das wiederum wird Ihre Chancen verringern, je wieder eingeladen zu werden.

Die Tankstelle sollte Ihnen außerdem als Supermarkt für sämtliches Grillgut, das Sie konsumieren wollen, dienen. Wie bitte? Sie haben schon ein paar Premiumsteaks beim Metzger um die Ecke gekauft? Oh my God! Mit diesen Steaks werden Sie auffallen wie ein, nun ja, ein Ausländer! Werfen Sie sie auf der Stelle in den Müll. Wenn Sie sich den Deutschen anpassen wollen, brauchen Sie einen wasserdichten Plan, welche Art von Grillgut am besten Ihre Spiritualität, Ihren Charakter, Ihre Kreativität und Grundhaltung gegenüber den Übeln des Massenkonsums widerspiegelt. Wenn Sie keine Ahnung haben – hier ein kurzer Überblick über die beliebtesten deutschen Grillgüter und ihre inhärente Symbolik:

Steaks: Steaks werden normalerweise nicht bei den Discountern oder an der Tankstelle verkauft, deshalb geben Sie mit ihnen die Tatsache preis, dass Sie sich Mühe gegeben haben, sich Ihr Grillgut zu besorgen. Außerdem sind sie normalerweise ein bisschen teurer, deshalb werden sich Ihre deutschen Bekannten fragen, ob Sie vielleicht prokapitalistisch sein könnten. Vermeiden Sie Steaks gänzlich.

Tofu: Viele Deutsche essen nur vegetarisch. Es ist ein leichter und wohlerprobter Weg, ein paar Minuten im Zentrum des Gesprächs zu stehen. Folglich sind vegetarische Deutsche im Allgemeinen ein klein wenig beliebter als ihre Peers. Auch wenn Sie nichts lieber essen als Fleisch: Indem Sie Tofu grillen, können Sie Ihr Verständnis für die vegetarische Überzeugung Ihrer Bekannten auf prätentiöse Art zur Schau stellen, was die einzige Art ist, die sie respektieren und von der sie sich nicht belästigt fühlen. Wenn Sie Schwierigkeiten haben, Tofu in einem deutschen Supermarkt zu finden, versuchen Sie es in der Fleischabteilung. Ja, Sie haben richtig gehört. In Deutschland kommt Tofu nicht in »diesen langweiligen, gesichtslosen Blöcken« von zehn auf fünfzehn Zentimetern, sondern in Form von beliebten deutschen Fleischprodukten wie Würstchen, Schnitzel oder Burger. Für deutsche Vegetarier ist das eine Win-Win-Situation: Sie können sich besonders fühlen, weil sie keine Fleischprodukte essen, und müssen dafür nicht einmal auf die bewährten Formen und Texturen verzichten, die sie noch aus ihren Fleischesser-Zeiten kennen.

Gemüse: Bis zu dem Tag, an dem Deutsche einen Weg erfinden, weißen Spargel zu grillen, sollten Sie sich nicht die Mühe machen, Gemüse gleich welcher Art zu einer Grillparty mitzubringen. Ihre deutschen Bekannten könnten Sie sonst für zu bemüht halten.

Würstchen: Immer eine sichere Sache, wenn Deutsche zusehen. Da ein durchschnittlicher Deutscher schon im Alter von elf Jahren ungefähr 690 Arten von Würstchen unterscheiden kann, ist es wichtig zu wissen, welche Wurst Sie am besten repräsentiert. Eine italienische Salsiccia zum Beispiel lässt Sie aussehen wie einen Gourmetsnob, der zu cool ist, um bei einem Discounter einzukaufen, und sich zu sehr bemüht, sich abzuheben. Andererseits kann eine Packung billige, industriegefertigte Würstchen von der Tankstelle Sie völlig sorglos und lässig erscheinen lassen – aber seien Sie vorsichtig, dass Sie nicht auf das finstere Terrain der »falschen Art von Deutschen« wechseln.

Die sicherste Sache ist, die am normalsten aussehende Bratwurst zu kaufen, die Sie finden können. In letzter Zeit haben Elitedeutsche entdeckt, dass der einzige Weg, andere Deutsche an Hipness zu übertrumpfen, der ist, etwas vollkommen Normales auf eine möglichst prätentiöse und überhebliche Art zu tun und dann vorzugeben, sie hätten es eben erst erfunden.

Daher hat eine normale Bratwurst, die Sie an einer deutschen Tankstelle gekauft haben, die Macht, Ihre deutschen

Bekannten zu überzeugen, dass Sie ein Ausländer sind, der seinen Wolfgang Tillmans von seinem Jonathan Meese unterscheiden kann. Sie eine schlichte Bratwurst essen zu sehen, wird die Überzeugung Ihrer Bekannten stärken, dass Sie als ihr »Künstlerfreund aus Übersee« herhalten können.

Wenn Sie an der Location ankommen, werden Sie sofort bemerken, dass die meisten männlichen Deutschen ihre T-Shirts ausgezogen haben. Wie Sie vermutlich bereits im deutschen Film und Fernsehen gelernt haben, sind Deutsche sehr gern nackt, und jede Minute, in der die Gesellschaft von ihnen verlangt, angezogen zu sein, fühlt sich für sie an wie ein unerträglicher Eingriff in ihre persönliche Freiheit durch »die da oben«. Das ist vielleicht ein Grund für die leicht schlechte Laune, die Deutsche normalerweise haben – denn wenn sie dann mal nackt sind, hebt sich ihre Stimmung übermäßig.

Sie sollten diese Gelegenheit ergreifen, um den Körper eines Elitedeutschen genauer zu betrachten. Merken Sie sich die ironischen Tattoos und ihre durchgeknallten Stellen, um sie später an sich selbst nachbasteln zu können. Damit Ihre Figur von Ihren deutschen Bekannten für gut befunden wird und um sich nicht all Ihre Chancen, eine teutonische Romanze zu erleben, zu verbauen, ist es wichtig, Ihren Körper immer in einem Zustand »sorgsamer Sorglosigkeit« zu halten, was bedeutet, weder muskulös noch pummelig noch irgendwie enthaart zu sein.

Immer noch ratlos? Im Grunde scheinen Elitedeutsche in den frühen 90ern stecken geblieben zu sein. Genau wie sie ironische Tattoos und Technomusik immer noch für das trendigste Zeug im Universum halten, stehen sie immer noch total auf den »Heroin-Chic« aus den alten Calvin-Klein-Werbungen. Die gute Nachricht ist: Sie können eine Menge Geld sparen, das Sie sonst für langweilige Mainstreamsachen wie Laufschuhe, Fitnessstudiobeiträge oder Essen ausgegeben hätten. Der Schlüssel zu einem Körper, den Deutsche heiß finden, ist ein unkomplizierter Geschmack und die häufige Nutzung des Fahrrads.

Das Geld, das Sie am Fitnessstudio und am gesunden Essen gespart haben, sollten Sie für Tattoos ausgeben. Ein paar Ideen für Tattoomotive sind: Ein Bleistift auf Ihrem Zeigefinger; ein »Collection of Style«-Logo unter Ihrem Hals; oder ein süßer Comic-Elefant unter Ihrem Nabel. Wenn Sie für diese Art von Tattoo nicht zu haben sind, besorgen Sie sich einfach ein paar Tribal-Bänder und erzählen Sie Ihren deutschen Bekannten eine erfundene Geschichte darüber, wie Sie zu diesen Tribals kamen, als Sie einmal total betrunken und ohne Geld mit einem Haufen »guter« Skinheads aus Guadeloupe in einer burmesischen Hafenstadt festsaßen. Sie wissen schon, einfach irgendeine willkürliche hippe Geschichte, damit Ihre deutschen Bekannten weiter an Ihnen interessiert bleiben.

Wenn Sie sicher sind, dass Ihre Figur und Verzierung ausreichend sorglos und ironisch sind, können Sie gefahrlos Ihr T-Shirt ausziehen und sich eine Flasche Bionade mit einem Feuerzeug aufmachen (denn serienmäßige Flaschenöffner sind für den Gebrauch im Freien in Deutschland gesetzlich verboten – nur ein billiges Plastikfeuerzeug ist erlaubt). Während die Holzkohle sich aufheizt, werden Sie bemerken, dass Ihre deutschen Bekannten um den Grill herumstehen und einige Gegenstände, wie Zigarettenstummel, ins Feuer werfen. Hinterfragen Sie dieses uralte Ritual nicht. Sie könnten sonst kompliziert und versnobt wirken.

Sobald alle sich hinsetzen, um ihr persönliches Grillgut zu essen, wird zwischen zwei weiblichen Deutschen folgendes Gespräch stattfinden: Eine Deutsche wird irgendeinen Salat zu der Grillparty mitgebracht haben, beispielsweise Nudelsalat. Nachdem eine andere Deutsche diesen Salat probiert hat, wird sie ausrufen: »Das ist wirklich köstlich! Du musst mir unbedingt das Rezept geben!«, woraufhin die Nudelsalatmacherin antworten wird: »Ah, das Rezept habe ich von meiner Großmutter, die in einer kulinarisch sehr bewanderten Gegend im Südwesten Deutschlands lebt. Dieser Nudelsalat hat eine lange Tradition in unserer Familie. Ich schreibe es auf und schicke es dir.« Sie werden bemerken, dass ein paar Ihrer deutschen Bekannten mit verträumter Bewunderung nicken werden.

Nach ein paar Minuten werden all Ihre deutschen Bekannten plötzlich in markerschütterndes Gelächter ausbrechen. Der Grund wird sein, dass einer der Teilnehmer der Grillparty irgendein slapstickhaftes Verhalten oder Missgeschick zur Schau gestellt haben wird, wie etwa die Ketchupflasche mit der Nutella zu verwechseln, sein Tofuschnitzel ins Gras fallen zu lassen oder von einem Fußball getroffen zu werden, während er gerade aus einer Flasche trank. Wenn Sie jetzt denken, das ist alles nicht besonders lustig und kein Grund, sich lachend auf dem Boden zu wälzen, unterschätzen Sie die Liebe der Deutschen zu Slapstick-Humor. Vergessen Sie nicht, dass Sie jetzt in einem Land sind, in dem die kommerziell erfolgreichsten Filme ein Slapstick-Western und eine schwule Star-Trek-Parodie sind. Um genau zu sein, ist Slapstick die einzige Art von Humor, die Deutsche nicht beleidigt. Um sich zu integrieren, bereiten Sie sich also darauf vor, jederzeit aus dem unsinnigsten Grund synchron in Lachen auszubrechen.

Wichtige Randbemerkung: Achten Sie darauf, dass Sie alle weiteren Verabredungen für diesen Tag absagen. Auch wenn alle nach ungefähr 45 Minuten mit dem Essen fertig sein werden, betrachten Deutsche die Party als Flop, solange nicht alle noch sechs oder sieben Stunden zusammenbleiben und Smalltalk machen, oder auch bis zu zehn Stunden, wenn es draußen stattfindet. Wenn die Grillparty um fünf Uhr nachmittags stattfindet, ist es nicht untypisch für einen Deutschen, um vier Uhr morgens nach Hause zu fahren.

Hamburg

Hamburg ist die zweitgrößte Stadt in Deutschland. Ungefähr
1 700 000 Leute »leben« hier, und es ist offiziell die langweiligste und vorstädtischste Großstadt der westlichen Welt,
wie die wenig bekannte Abteilung »Lifestyle und anderer
Blödsinn« der OECD ermittelt hat. Hamburger sind berüch-
tigt dafür, sogar noch unfreundlicher und unentspannter
zu sein als Deutsche aus anderen Gegenden. Das Wetter ist
das ganze Jahr unaussprechlich schlecht und deprimierend
grau. Wussten Sie, dass Hamburger über 300 verschiedene
Wörter für »Regen« haben? Die verregneten Tage mit grauem Himmel sind so zahlreich, dass sich im Vergleich dazu
sogar Berlin anfühlt wie die Copacabana auf Ecstasy. Es ist
kein Zufall, dass auf Suaheli das Wort für »trostlos« und
»uncharmant« tatsächlich »hamburg« ist, wie in: »Mann, die
Einrichtung deiner Lehmhütte sieht total *hamburg* aus, die
braucht echt eine gründliche Veränderung!«

Hamburger gibt es in drei Geschmacksrichtungen: »Euro-
trash«, »Altes Geld« mit »neureichen« Verhaltensweisen und
»Hipster, die sich nicht sicher sind, ob sie nicht doch nach
Berlin ziehen sollen«. Egal zu welcher dieser drei Gruppen
sie gehören – Hamburger sind ziemlich stolz auf ihre schnip-
pische, steife und hochnäsige Haltung gegenüber anderen

Leuten und Städten. Natürlich hat auch Berlin seinen Anteil an unhöflichen Arschlöchern abbekommen, aber es scheint, dass Hamburg zu einem Magneten für die Steifen und Hochnäsigen geworden ist, so ähnlich wie das *Studio 54* zu seiner Zeit ein Magnet war für kokainbenebelte Models auf weißen Pferden und mit nichts weiter als durchsichtigen Gewändern bekleidet.

Weil selbst die kosmopolitischsten Hamburger aus winzigen abgelegenen Dörfern in Niedersachsen, Schleswig-Holstein und Baden-Württemberg stammen und tief in ihren Herzen Kleinstadtmenschen sind, sind sie furchtbar eingeschüchtert von der großen Stadt, denn für sie fühlt es sich an wie ein urbaner Moloch. Deswegen sind sie wild entschlossen, die Stadt in kleine, überschaubare Teile aufzuteilen, die sie selten verlassen. Das gibt ihnen das warme, wohlige Gefühl, in einem winzigen Dorf zu leben. Jede demographische Gruppe hat ihre kleinen Dörfer. Es gib einen Altbau-Teil für die trendigen Leute, die sich noch unsicher sind, ob sie nicht doch nach Berlin ziehen sollen, eine schicke Gegend für die demografische Gruppe des »alten Geldes« mit den »neureichen« Verhaltensweisen und eine Gegend für die tragisch unhippe Arbeiterklasse Osten.

Ihr zweifelhafter Ruf im Rest von Deutschland scheint sie überhaupt nicht zu stören – um genau zu sein haben Hamburger – aufgeblasen und Nabelschau betreibend wie sie sind – einen überheblichen, unverschämten Stolz darauf entwickelt, ruppig zu sein. Weil ihrer Stadt eine gewisse Tradition als Handelszentrum nachgesagt wird, sehen sich alle

Hamburger gern als echt clevere Geschäftsleute. Deshalb sind sie auf die (müde) Idee gekommen, ironische T-Shirts und Trainingsjacken zu verkaufen mit milde amüsanten Aufdrucken wie »Derbe« oder »Hamburg«. Sie fanden das eine geniale Art, ihrem fehlerhaften Charakter einen positiven Dreh zu geben und stehen der Tatsache völlig ahnungslos gegenüber, dass es einfach debil und zu bemüht ironisch aussieht.

Wann immer Sie sie lassen, werden Hamburger sich lang und breit darüber auslassen, dass Hamburg »die schönste Stadt der Welt« ist. Wenn Sie sie bitten, ihre stolze Behauptung mit ein paar Beispielen zu untermauern, warum sie das für wahr halten, werden sie einen Moment überrascht sein, dann die Achseln zucken und auf das »Wasserargument« zurückgreifen, das auf die einmütige Liebe von Elitedeutschen abzielt, in der Nähe eines Gewässers zu wohnen. Man wird Ihnen einen der folgenden Gründe präsentieren, warum Hamburg nichts weniger als die »schönste Stadt der Welt« sei: 1. »Es gibt Kanäle, genau wie Venedig« (stimmt nicht), 2. »Es liegt am Meer« (das eher kleine baltische Binnenmeer ist immer noch 80 Kilometer entfernt) oder 3. »Ich liebe es, um den Hafen zu spazieren« (ein relativ kleiner Hafen, der Vergnügungspotenzial für 10 bis 15 Minuten besitzt). Erwähnen Sie nie einem Hamburger gegenüber, dass Sie nicht so besonders daran interessiert sind, an Gewässern spazieren zu gehen oder darauf zu starren, vor allem, wenn es bei strömendem Regen und fünf Grad Celsius passieren muss (Hamburgs ganzjährige Durchschnittstemperatur).

Das wird die Hamburger nur noch uncharmanter machen, und Sie werden in den Genuss eines weiteren beliebten Gesprächsthemas kommen, die »Sonnenstundenverteidigung«: Durch irgendeinen komplizierten und unwissenschaftlichen Mathetrick hat Hamburg angeblich mehr »Sonnenstunden« als Kapstadt. Was natürlich leicht zu widerlegen ist, indem man, nun ja, zum Himmel zeigt.

Eine zweite Sache, mit der Hamburger gern die »Erfolgsbilanz« ihrer Stadt aufpeppen, ist die portugiesische Community in der Stadt. Während der »Kaffeekrise« Anfang dieses Jahrtausends waren die Portugiesen für Hamburgs kurzzeitigen Sieg über andere deutsche Städte verantwortlich: Die Hamburger konnten zu einer Zeit in ein portugiesisches Café gehen und selbstzufrieden einen Galao bestellen, als die »falsche Art von Deutschen« noch glaubte, Latte Macchiato sei topmodern. Hamburger lieben Ausländer, wenn die sie mit obskurem Essen versorgen, das in anderen deutschen Städten noch nicht weit verbreitet erhältlich ist. Andererseits haben die Hamburger keine Ahnung von dem wahren Grund, warum die Portugiesen in dieser öden Stadt voller unglücklicher Menschen leben: nämlich um sich Inspiration zu holen für traurige, pessimistische *Fado*-Songs.

Der ermüdendste und am schwersten zu verkraftende Aspekt des Lebens in Hamburg ist die tiefsitzende persönliche Unsicherheit seiner Bewohner. Seit Berlin wieder Deutschlands Hauptstadt ist, unternehmen Hamburger zunehmend verzweifelte Anstrengungen, ihre Stadt als »die aufregendste Stadt der Welt« darzustellen. Diese Behauptungen haben recht guten Anklang gefunden, leider nur unter Hamburgern selbst. In gewisser Weise ist Hamburg das gruselige Kind, das glaubt, es bekommt Aufmerksamkeit, indem es besonders uninteressiert daran ist, Aufmerksamkeit zu bekommen, aber tragisch scheitert, die Tatsache anzuerkennen, dass niemand in Berlin oder auch nur außerhalb von Niedersachsen sich im *Mindesten* dafür interessiert, was Hamburg sagt, tut oder denkt.

Was können Sie also daraus lernen? Wenn Sie einen Massenmord planen (wie die berüchtigte Schläferzelle mit Sitz in Hamburg, die für 9/11 verantwortlich war) oder es aus irgendeinem kranken Grund vorziehen, in einer noch vorstädtischeren, viel teureren Version von Berlin zu leben, mit noch schlechterem Wetter und noch unfreundlicheren Leuten, dann ja: Tun Sie es! Sie werden es in Hamburg definitiv gut finden.

Das Internet

124 Die Beziehung der Deutschen zum Internet war schon immer konfliktbeladen. Auch wenn kein Deutscher »der richtigen Art« sich je selbst als konservativ bezeichnen würde, lassen zu viele Veränderungen in zu kurzer Zeit, wie der Paradigmenwechsel, den das Internet dem Medienkonsum gebracht hat, die Deutschen ausflippen.

Deshalb nutzten die Deutschen bis vor kurzer Zeit das Internet eher wie einen neuen Sender in ihren Fernsehern, weshalb die meisten deutschen Websites aus überfrachteten Flashanimationen mit fliegender Schrift und Logos untermalt mit futuristischer, piepsender elektronischer Musik bestanden. Es galt als Hauptziel für Deutsche, beim Aufbau einer Website das »Design« bis auf den allerletzten Pixel richtig hinzubekommen, bis es der statischen Eintönigkeit eines Lifestyle-Magazins gleichkam.

Mit dem Beginn des »Web 2.0« wurde es den Deutschen schließlich langweilig, animierte Buchstaben auf sich zufliegen zu sehen, und ihre Internetnutzung nahm doch noch Fahrt auf. Bald waren sie bei Google, MySpace, Facebook und Twitter wie jeder andere auch. Wenn man der Werbung Glauben schenken darf, sind Deutsche heute in der Lage, sich zu entspannen und das Internet so zu nutzen, wie es verzweifelt auf modern getrimmte Werbespots ihnen vorgeben: auf einem IKEA-Läufer auf dem Bauch in ihrer sanierten Altbauwohnung liegend, mit einem Laptop vor und einem Latte Macchiato mit einem süßen Kakaoherz auf dem Milchschaum neben sich und einem dementen Lächeln im Gesicht wegen all dieser großartigen Annehmlichkeiten, die das Internet in ihr Leben gebracht hat.

Wie schon vorher erwähnt, fühlen sich Deutsche schnell unwohl, wenn es nichts gibt, weshalb man beleidigt sein oder sich Sorgen machen könnte. Wenn sie aktuell keinen persönlichen Grund haben, beleidigt oder besorgt über etwas zu sein, gehen sie in eine Buchhandlung, um sich ein Buch von einer ihrer Meinung nach viel intelligenteren Person zu kaufen, die zufällig altruistisch und nett genug ist, sie über aktuelle Entwicklungen zu belehren, über die sie besser beleidigt oder besorgt sein sollten, und diese Person ist meistens Frank Schirrmacher.

Frank Schirrmacher ist ein altgedienter Journalist, Essayist und Mitherausgeber der vielgelesenen Tageszeitung »Frankfurter Allgemeine«, der sich in jüngster Zeit einen Namen gemacht hat als der Typ, zu dem man geht, wenn man in dem megaerfolgreichen deutschen Literaturgenre namens »Betroffenheitsliteratur« einen Bestseller braucht. Wegen seiner untadeligen Haltung gegenüber dem Journalismus würde Frank Schirrmacher nicht einfach irgendeine wirre, von falschen Prämissen ausgehende Theorie veröffentlichen, die ihm in den Sinn kommt, sondern sich die größte Mühe geben, diese wirre, nicht immer von zutreffenden Prämissen ausgehende Theorie durch Zitate aus einem endlosen Strom von nüchternen Statistiken und Studien, die er recherchiert hat, zu stützen.

Sein neuestes Buch, das wahrscheinlich wieder ein Bestseller wird, handelt von den »Gefahren des Internets«. Für Frank ist das Internet zu mindestens 99 Prozent schlecht und ein Gesundheitsrisiko für die kleinen Neuronen, die in diesem schwammartigen Zeug in Ihrem Schädel namens »Gehirn« leben, deshalb empfiehlt er wärmstens, sein Buch zu kaufen und lieber das zu lesen, bis Ihr Gehirn von all den öden Statistiken und Verweisen auf obskure Studien ganz taub wird. Zugegeben, das wird Sie davor bewahren, dass das Internet Ihr Gehirn in Elefantenkacke verwandelt, weil Sie das nun stattdessen von einem richtig, richtig intellektuellen Deutschen erledigen lassen können. Es ist dieselbe taktische Herangehensweise an die Gesundheit wie sich eine Hand abzuhacken, damit die Fingernägel nicht wachsen.

Einen Zeitungsherausgeber mittleren Alters zu bitten, Ihnen etwas über die Gefahren des Internets beizubringen, ist ein bisschen so, als heuere man Silvio Berlusconi als Au Pair an, damit er auf Ihre Teenagertochter aufpasst, während Sie nicht da sind. Aber wir wollen ihm einen Vertrauensbonus lassen und uns ein paar von Frank Schirrmachers Hauptthesen ansehen:

- Das Internet verwandelt das Gehirn eines Menschen in eine unschöne Pfütze aus grauer Schmiere.

Man könnte argumentieren, dass das menschliche Gehirn, was die Textur angeht, sowieso nicht so weit von einer Kugel aus grauem, klebrigem Matsch entfernt ist, aber auch wenn Frank Schirrmacher definitiv nicht der Erste ist, der die Menschheit vor dem Problem der grauen Schmiere warnt, ist er zumindest der Erste, der es clever mit einer anderen beliebten Theorie der Deutschen »remixt«: gesundheitsbezogene Esoterik. Doch keine Angst, tragen Sie einfach Ihren kostenlosen »Tin-Foil Hat«, den Sie in der morgigen Ausgabe der FAZ finden.

■ Googles »Roboter« werden bald alles wissen, was Sie denken, sagen und tun und werden dieses Wissen eines Tages zu Ihrem Nachteil nutzen.

Da könnte etwas dran sein. Warum? Na, haben Sie nicht *Alarm im Weltall* gesehen? Mann, Robby der Roboter hat am Ende ganz schön Sch*** gebaut, oder? Sie wissen schon, der Teil, in dem er das Monster nicht erschossen hat, weil er plötzlich meinte: »Piep, piep, Error, Error, ich wurde programmiert, keine Menschen zu erschießen« und so, weil er irgendwie sein Google nicht auf der Reihe hatte und deshalb mit dieser großen, dummen Glühbirne statt eines Hirns kapierte, dass das Monster zum Teil menschlich war. Deshalb durfte er es nicht erschießen, was seinen menschlichen Weltraumfreunden echte Probleme machte. Sehen Sie, das passiert, wenn man diesen verdammten Robotern vertraut.

- Eine böse, allumfassende Internetinstanz, wahrscheinlich Google, gibt sich große Mühe, alle Informationen über Sie (ja, vor allem über Sie) zu sammeln, die es einer großen deutschen Nachrichten-Website ermöglicht, täglich Werbungen zu schalten, die durch die Wunder der brandaktuellsten Computertechnologie zielgenau auf bestimmte demografische Gruppen, wie zum Beispiel 25-Jährige, zugeschnitten sind. Ist das nicht schockierend?

  Die 90er-Jahre haben angerufen, sie wollen ihre technologiebezogenen Big-Brother-Schreckensszenarien zurück. Glücklicherweise gibt es dank der Wachsamkeit ihres Mitherausgebers Frank Schirrmacher noch eine Nachrichten-Website, die definitiv frei von solch trickreicher, gezielter Werbung ist, und mitunter übrigens auch von jedem anderen konkurrenzfähigen oder aktuellen Inhalt: die Onlineversion seiner Zeitung.

- Die Allgegenwart von E-Mails, SMSs (sic), Facebook und »Tweeds« wird unvermeidlich zum kompletten Verlust Ihrer Konzentrationsfähigkeit führen.

  Ja. Er hat wörtlich den Begriff »Tweeds« benutzt. Wiederholt. Sie werden selbst entscheiden müssen, ob Sie über dieses K.O.-Kriterium hinwegsehen oder das Buch beim ersten Auftauchen von »Tweeds« wieder einpacken und zu Amazon zurückschicken wollen. Die haben diese Geld-Zurück-Garantie, ohne Fragen zu stellen.

Offenbar ist es jemandem, der bis zum Äußersten entschlossen ist, dieses mysteriöse Netzwerk von Computern, genannt »das Internet«, in den Griff zu bekommen, von dem die Leute in letzter Zeit so viel reden, keine große Hilfe, wenn er auf Männer mittleren Alters hört, die in den »Old school«-Medien arbeiten und Angst davor zu haben scheinen, ihren Status zu verlieren. Wenn es nur jemanden in Deutschland gäbe, den die Deutschen als den wahren Internet-Papst anerkennen könnten! Sie wissen schon, jemand, der genauso freaky, »ke-razy« und hip ist wie dieses neue Internetding selbst und keine Angst hat, diese Hipness, Craziness und Aversion gegen alles, was Mainstream ist, zu zeigen und dabei eine angeberische Frisur zu tragen. Sie wissen schon, so etwas wie ... ja, das ist es: einen Irokesenschnitt. Wenn Sie so eine Person sehen, machen Sie sie zur Galionsfigur des »deutschen Internetnutzerclubs« und folgen Sie ihr blind; stellen Sie nie ihre Kompetenz in Frage. Dann, und nur dann, wird Ihre Vorstellung vom Internet mit der eines Deutschen synchron sein.

Ironie

»Der erste Eindruck zählt«, sagt man. Wenn sie nach Deutschland kommen, sind Ausländer oft verblüfft von der schieren Menge an scheinbar schlechtem Geschmack, was Kleidung, Haarschnitte, Filme, Kunst und Berufswahl der Deutschen angeht. Glücklicherweise werden Sie dennoch ein wenig Verständnis für Ihre deutschen Bekannten haben, wenn Sie erst einmal zwei kulturelle Eigenheiten verstanden haben:

- Deutsche investieren den Großteil ihrer Zeit und Hirnleistung dafür, Avantgarde, trendy und künstlerisch zu wirken, statt langweilig, Mainstream und »normal«.
- Andererseits gehört zu den Dingen, die Ihre deutschen Bekannten am meisten fürchten, von jemandem als »bemüht außergewöhnlich« bezeichnet zu werden und von den Normen und Verhaltensweisen ihrer Peers abzuweichen.

Es ist ziemlich offensichtlich, dass diese zwei Aussagen sich widersprechen wie polare Gegensätze. Dieser Widerspruch war schon immer eine Riesenquelle der Frustration für Deutsche, und sie haben damit wieder einmal ein gefährliches Stadium der Lebensangst und des zerbrechlichen Selbstwertgefühls erreicht. Wie auch immer das hippe, künstlerische oder sorglose Image, um das sie sich bemühten, aussah, es wurde letztlich durch ihre übereifrige, ernste und unerbittlich engagierte deutsche Herangehensweise zerstört, die ihnen in die Quere kam.

Kurz davor, aufzugeben, ihre Frustration in Aggression zu verwandeln und sich in Verzweiflung zu verlieren, entdeckten sie einen unglaublich mühelosen Ausweg aus ihrem Dilemma. Für sie war es nichts weniger als eine lebensverändernde Entdeckung, gleichzusetzen mit der Erfindung des Automobils, der atomaren Kettenreaktion oder der genialen Idee, Würstchen in ungefähr anderthalb Zentimeter dicke Stücke zu schneiden und sie mit Currysauce zu kombinieren: IRONIE.

Indem sie Ironie mit allem verbanden, das sie taten, sagten oder worum sie vorgaben, sich zu sorgen, waren sie plötzlich in der Lage, alles und jeden zu übertreffen – sie konnten gleichzeitig für eine Sache und für das komplette Gegenteil davon sein. Immer, wenn sie kritisiert wurden oder vorgeworfen bekamen, ein Heuchler zu sein, konnten sie es einfach mit einem Achselzucken und einer megacoolen Retourkutsche abtun, wie: »Wow, da nimmt aber einer alles ernst, was? Immer mit der Ruhe, Mann, ich habe das doch nur *ironisch* gemeint!« Sie waren jetzt mit einem Werkzeug ausgestattet, das es ihnen erlaubte, sowohl aus jeder gesellschaftlich unangenehmen Situation als die meisterhaften, neutralen Bohemiens hervorzugehen, die sie immer darstel-

len wollten, und gleichzeitig andere zu übertrumpfen, die *unlockeren* Typen mit null Talent für *Spontaneität*. Durch den anerkanntermaßen überflüssigen, ermüdenden und allzu vorhersehbaren Gebrauch von Ironie haben Ihre deutschen Bekannten »die Matrix« der sozialen Interaktion »gehackt« und wurden vollkommen unangreifbar für Argumente, gesunden Menschenverstand oder »langweilige« Prinzipien wie Rechenschaftspflichten.

Doch welche Folgen hat das für Sie als demjenigen, der sich darum bemüht, mit den Deutschen zu harmonieren? Es ist ganz einfach. Wenden Sie dieselbe überflüssige und erbarmungslose Ironie bei allem an, was Sie sagen und tun. Sie werden überrascht sein, wie leicht es wird, die meisten der albernen Verhaltensweisen, die Deutsche an den Tag legen, zu verstehen und zu ertragen. Vielleicht wird Ihnen sogar Berlin-Mitte einleuchten. Unter Deutschen gilt es als Epizentrum des ironischen Lebensstils, und dort hinzuziehen wird Sie, unter anderem, zu einem Mitglied der deutschen Ironie-Elite machen.

Allem und jedem gegenüber ironisch zu sein besitzt einiges an Mehrwert. In Deutschland wird Ironie gerne als toller Sinn für Humor fehlgedeutet. Am Ende werden Sie den deutschen Sinn für Humor verstehen und laut mit den Deutschen lachen über all diese gruseligen Dinge, die diese witzig finden, wie zum Beispiel schwule Star-Trek-Parodien, verwirrte dunkelhaarige Mädchen, wichtigtuerisches Hinausgeschreie von was immer einem gerade an schrulligen Dingen durch den Kopf geht oder Pferdebetäubungsmittel als Freizeitdroge.

Benutzen Sie Ihre neue Waffe aber weise. Theoretisch könnte Ironie Sie in die Lage versetzen, als Gewinner aus jeder Diskussion oder Auseinandersetzung hervorzugehen, aber es ist wichtig, im Blick zu behalten, dass sie Ihnen trotzdem nicht bei Themen helfen wird, die Deutsche vollkommen ablehnen, wie Geld für hochwertige Lebensmittel auszugeben, keine Bedenken gegenüber der US-Regierung zu haben oder in einem Gebäude zu wohnen, das nach 1920 gebaut wurde.

Ins Kino gehen

Da Sie neu in Deutschland sind, halten Sie es vielleicht für eine gute Idee, ein paar von Ihren deutschen Bekannten ins Kino einzuladen, damit Sie ein bisschen Kontakte knüpfen oder die Freundschaft vertiefen können.

Das mag in den meisten Teilen der Welt eine vernünftige Idee sein, aber in Deutschland ist »ins Kino gehen« ein Unterfangen, das man nicht auf die leichte Schulter nehmen sollte. Um genau zu sein, erfordert es akribische Planung.

Für Deutsche ist der Ort, an dem sie einen Film ansehen, von viel größerer Bedeutung als der Film selbst. Sie sollten wissen, dass die Art von Kino, in das Sie Ihre deutschen Bekannten einladen wollen, viel über Ihre Persönlichkeit verrät und jede weitere gesellschaftliche Interaktion mit Ihnen bestimmt. Es ist eine Alles-oder-nichts-Situation.

Hier finden Sie ein paar Hinweise für die Wahl des *richtigen* Kinos. Zunächst einmal darf es nicht *neu* und *groß* sein. Vermeiden Sie um jeden Preis Multiplexkinos. Die riesigen Leinwände und modernen Soundsysteme dort werden von Elitedeutschen als »Mainstream« und »zu sehr Hollywood« angesehen. Nur die »falsche Art von Deutschen« geht dorthin. Eine seltene Ausnahme kann in dem unwahrscheinlichen Fall gemacht werden, dass das Multiplex einen deutschen *Kultfilm* zeigt, was zum Beispiel jeder Film von Fatih Akin wäre, der in keinem der heimeligen und deshalb »richtigen« Programmkinos läuft.

Wie soll man dann eine fundierte Wahl treffen, fragen Sie sich? Entspannen Sie sich, so schwer ist das nicht. Sie sollten nach Namen Ausschau halten, die *indie* klingen. Beispiele dafür wären »Bambi«, »Gloria«, »Rex« oder »Bali«. Die liegen nie im Stadtzentrum oder in Einkaufszentren, sondern eher in bereits schickisierten Gegenden, die inzwischen nur noch von Elitedeutschen bewohnt werden. Wenn Sie meinen, Sie hätten etwas Akzeptables gefunden, sehen Sie sich das Logo an. Es muss in Retroschrift geschrieben sein, was Assoziationen mit der Blütezeit des Kinos weckt, bevor alles dank des Konsumterrors den Bach heruntergegangen ist. Wenn Sie immer noch unsicher sind, erkundigen Sie sich nach den technischen Einzelheiten des Kinos. Worauf Sie achten sollten (in keiner bestimmten Reihenfolge):

- Rote Plüschsessel aus den 60ern ohne jegliche Polsterung, von denen man fünf Minuten nach Filmbeginn Krämpfe in den Hinterbacken bekommt.
- Eine Mono-Tonanlage mit permanentem Knacken.
- Die Leinwand darf nicht mehr als zwei Meter breit sein.
- Es muss trendige Bio-Limonaden wie *Bionade* oder *Club Mate* geben, aber bloß keine »Nacho Chips«.
- Der Angestellte hinter dem Kartenschalter sollte jünger als 30 sein, einen Schal tragen, einen unordentlichen Bart haben (wenn männlich), ein Omakleid tragen (wenn weiblich), aber in jedem Fall entschieden blasiert dreinschauen.

Der wichtigste Hinweis darauf, ob Sie die richtige Wahl getroffen haben, ist der Programmplan. Zählen Sie die Anzahl der großen Hollywoodproduktionen, die gespielt werden. Sie muss nahe null liegen. Das ist wohlgemerkt keine exakte Wissenschaft, denn Filme, in denen Bill Murray mitspielt oder die Coen-Brüder Regie geführt haben, zählen nicht als Hollywoodfilme. Sehen Sie sich am Schluss die anderen Leute an, die für Karten anstehen. Wenn Sie hier fünf Typen mit dunklen Brillengestellen und Bärten sehen, sind Sie auf der sicheren Seite und können sich auf einen entspannten Abend im Kino freuen.

Wenn Sie sich kühn und verwegen fühlen, gratulieren Sie Ihren deutschen Bekannten für die große Zahl an unabhängigen, heimeligen Kinos in deren Nachbarschaft und bemerken Sie, wie wichtig es für die »Filmkunst« ist, sie zu unterstützen. Prosten Sie ihnen mit Ihrer Club-Mate-Flasche zu, und vermeiden Sie es, die Pokrämpfe zu erwähnen, oder dass Sie dank der knackenden Lautsprecher die Dialoge kaum verstanden haben oder dass die Leinwand so klein und dunkel war, dass Sie in den Nachtszenen nichts weiter als ein schlichtes, einfarbiges Rechteck gesehen haben. In Deutschland dürfen Sie nichts öffentlich kritisieren, was *independent* ist. Für Ihre deutschen Bekannten, von denen Sie respektiert werden wollen, trägt das Fehlen moderner Ausrüstung nur zum künstlerischen Stil des Films bei. Diese Ansichten zu übernehmen, wird Ihnen viel Respekt und Verabredungen ins Kino einbringen.

City-Special:
Köln

Köln ist eine der ältesten Städte Europas. Es wurde im Römischen Reich als eine Art taktisches Kriegsexperiment gegründet, um zu testen, wie man so viele Menschen wie möglich in eine Stadt quetschen und gleichzeitig den Anschein und die Atmosphäre eines harmlosen, langweiligen Dorfes aufrechterhalten kann, um so quasi die Größe der Stadt vor dem feindlichen Auge zu verhüllen. Obwohl das Römische Reich schon lange nicht mehr existiert, dauert das Experiment anscheinend immer noch an.

Abgesehen von dem riesigen katholischen *Todesstern* im Stadtzentrum könnte man Köln als die archetypische deutsche Stadt beschreiben: Ein Einkaufsviertel, das nach typischer Manier ausschließlich aus Handygeschäften, Allerwelts-Textilketten und nichtssagenden Systemgastronomie-Bistros und Cafés mit furchtbarem Essen und Getränken besteht? Alles da. Eine Zone in der Nähe des Stadtzentrums, wo die Straßen von »tollen« Altbauten gesäumt sind, die den Zweiten Weltkrieg überlebt haben, um dann zu lächerlich hohen Preisen an die Massen der nonkonformistischen Twens vermietet zu werden, die noch nicht ganz so weit sind, nach Berlin zu ziehen? Stimmt! Ein Ort für die »falsche Art von Deutschen«, die nicht in Medienjobs arbeiten und Jack

Wolfskin für die heißeste Klamottenmarke halten? Richtig. »Warte mal«, sagen Sie, »Köln muss doch ein Alleinstellungsmerkmal haben, wodurch es wert wird, dass man ein City-Special darüber schreibt?«

Das hat es, in der Tat. Ladys and Gentlemen, ich möchte Ihnen die Brutstätte und unangefochtene Hauptstadt der deutschen Guido-Kultur vorstellen. Machen Sie einen kurzen Spaziergang durch Köln, und Sie werden mehr Guidos und Guidettes finden als in jeder anderen europäischen Stadt. Eine rasche Zählung an einem normalen Tag ergab ein Guido- zu Nicht-Guido-Verhältnis von sechs zu eins, was den interessanten Nebeneffekt hat, dass die Guidos in Köln den Ton angeben, weshalb Sie als Vollidiot gelten, es sei denn, Sie haben eine ganzjährige tieforangefarbene Bräune vorzuweisen, oft in Kombination mit einer fatalen Vorliebe für billiges Rasierwasser und hochgegelte Haare mit blonden Strähnen, tragen den Kragen hochgestellt und machen andere geschmacklose Moden mit, wie Kleidung mit riesigen Aufdrucken aka »Ed Hardy«, all das begleitet von ständigem öffentlichem Gebrüll von Albernheiten, was andere Kölner nur zu gern mit komischem Talent verwechseln.

Kölner streben danach, ihre Guidoness auf ganz neue Ebenen zu erheben: Wenn es anfangs genügte, ein Tattoo einfach auf der Haut zu haben, steigert der Kölner Guido (dem nie die kreativen Ideen ausgehen, wie man die Welt geschmackloser machen könnte) das Ganze, indem er seine Liebe zu »Tribal Band«-Tattoos auch auf Kleidung und Autos ausdehnt.

Der Guido-Lifestyle durchzieht alle gesellschaftlichen

Klassen Kölns. Manche Kölner haben es sogar mit etwas, was man anderswo normalerweise als Nachteil für die Karriere bezeichnen würde, zu ausgewachsenem Starruhm gebracht. Dank Heidi Klum, die aus einem Kölner Vorort stammt, ist der deutsche Guido-Look jetzt überall in der westlichen Hemisphäre bekannt und beliebt.

Kein Text über Köln wäre komplett ohne eine Erwähnung des einigermaßen berühmten Kölner Karnevals. Wenn Sie in der bedauernswerten Lage sind, einen Kölner nach dem Karneval gefragt zu haben, werden Sie die folgende Antwort hören: »Sie werden es lieben oder hassen, aber Sie sollten es einmal versucht haben.« Dann wird derjenige eine kurze Debatte mit sich selbst führen: »Natürlich ist der Karneval ziemlich kitschig und es sind immer viele aggressive Besoffene unterwegs«, doch er wird immer zum Ausgangspunkt zurückkommen und erklären, dass »der Karneval, wenn man mit den richtigen Leuten unterwegs ist, ein echter Spaß ist und eine nette Tradition, die nicht aussterben sollte«. Was sie alle immer vergessen, Ihnen zu sagen, ist, dass während des Karnevals (der Anfang Februar stattfindet, um sicherzugehen, dass das Wetter so schlecht wie möglich ist) Ihre Hauptsorge sein wird, der Armee von übergewichtigen, arbeitslosen, alkoholisierten alten Hexen aus dem Weg zu gehen, die durch die Straßen von Köln streifen und Opfer für ihr berühmtes »Bützen« suchen, was bedeutet, einem Fremden Bier und Spucke übers Gesicht zu schlabbern und allen Ernstes zu erwarten, dass dieser das lieben und mit herzhaftem Gelächter beantworten wird.

Kompliziert bleiben

Wenn Sie einer dieser rückständigen, im letzten Jahrtausend feststeckenden Ausländer sind, dessen Vorstellung einer funktionierenden Beziehung ist, so wenig Drama wie möglich und ein entspanntes, harmonisches Leben zu haben, können Sie sich auf eine komplette Niederlage gefasst machen, wenn Sie jemals eine Beziehung mit einer hippen deutschen Person anfangen. Hippe Deutsche gehen nur sehr widerstrebend eine neue Beziehung ein, denn sie haben eine tiefsitzende Angst, dass diese ihnen ihre ganze »Privatsphäre« rauben könnte, oder schlimmer noch: sie so unspontan machen könnte, dass die ganze harte Arbeit, die sie in den Aufbau ihres trendigen, unkonventionellen Images gesteckt haben, umsonst war.

Wenn Elitedeutsche sich auf eine Beziehung einlassen, nagen weniger die üblichen Unsicherheiten an ihnen wie »Sind wir glücklich?«, »Passen wir zusammen?« oder »Ist der Sex immer noch toll?«, sondern eher Überlegungen wie »Sehen wir für Außenstehende unverbindlich genug aus?«, »Ist unsere Beziehung dramatisch genug?« und »Macht mich diese Beziehung irgendwie uncool?«.

Der Grund, warum zwei Menschen im hippen Deutschland zusammenkommen, ist nicht so sehr ihr eigenes Wohl, sondern eher, ein Team zu bilden, dessen Interessantheits-grad den der zwei einzelnen Menschen übersteigt. In der Marketingsprache würde man sagen: Deutsche werden zu Paaren, um Synergien zu schaffen, die ihren Wert auf dem Markt der Eitelkeiten erhöhen. Es ist eine dieser seltenen Win-Win-Situationen, wo 1) beide Teile des Paares gewin-nen und 2) ihre Bekannten ebenfalls Gewinner sind, weil sie ein neues Thema bekommen, über das sie tratschen können.

Eine Beziehung mit einem Deutschen anzufangen, ist tat-sächlich leichter, als Sie vielleicht gedacht haben. Deutsche sorgen sich ständig, ob sie nett genug zu Ausländern sind, die in ihr Land kommen. Wenn Sie ihnen also die Chance bieten, ihre Aufgeschlossenheit zu zeigen, indem sie vor anderen Leuten, die keinen ausländischen Freund haben, mit Ihnen herummachen, werden sie so dankbar für die Möglichkeit sein, ihre Freunde zu übertreffen, dass sie viel-leicht – wenn auch widerstrebend – versucht sein werden, eine Affäre mit Ihnen anzufangen.

Die wahre Herausforderung beginnt, wenn diese Affäre über einen längeren Zeitraum geht und zu einer Beziehung wird. Deutsche fühlen sich in Beziehungen sehr unsicher, denn da gibt es immer diesen nagenden Zweifel in ihrem Hinterkopf, eine ständige Quelle der Sorge, ob sie womög-lich schon »spießig« geworden sein könnten. »Spießig« sein – was im Grunde bedeutet, das zu tun, was man immer ge-tan hat, nur auf nichtironische Weise –, ist das verabscheu-ungswürdigste Etikett, das man einem Deutschen anheften kann. Für sie ist es viel schlimmer, »spießig« genannt zu werden, als zum Beispiel »Nazischwein«. Als Faustformel gilt: Eine Beziehung ist »spießig« geworden, wenn man mehr als fünf Stunden am Stück zu zweit am selben Ort verbringt, ohne andere Leute um sich herum wie bei einer Party. Ja, das schließt auch die Schlafzeiten mit ein. Wenn Ihr Partner auch nur einmal den leisesten Verdacht hat, man könnte Sie für »spießig« halten, dann wird die Beziehung für immer belastet sein. Von dem Moment an geht es abwärts. Es wird dann nur noch ein paar Tage dauern, bis Ihr Partner vorschlägt, dass Sie sich eine Weile nicht sehen, »um das Ganze zu überdenken«. Der einzige Weg, dagegen anzukämpfen, dass Ihre Beziehung schal wird (oder »entspannt«, wie ein Spießer wie Sie es nennen würde), ist, sie kompliziert zu erhalten. Hier ein paar Anregungen, wie Sie Ihre Beziehung so kompliziert (sprich: glücklich) wie möglich machen:

Offenbar beginnt es mit der Wahl Ihres Partners. Suchen Sie sich nie einen ausgeglichenen, psychisch stabilen Menschen, oder womöglich jemanden, der bewusst eine Anstellung in einer Firma einer Karriere als Freiberufler vorgezogen hat. Das ist der direkte Weg in genau die Art von ereignisloser, harmonischer Beziehung, die unter den Leuten, die Sie beeindrucken wollen, als Reinfall betrachtet wird. Versuchen Sie lieber, die exzentrischste, verwirrteste Person zu finden, die es gibt. Bonuspunkte gibt es, wenn diese Person drogensüchtig ist, berühmt für ihre Promiskuität, Moderator/in einer Sendung auf MTV Germany, psychisch labil oder alles zusammen.

Der schlimmste Fehler wäre es, wirklich zusammen

in eine Wohnung zu ziehen. Fragen Sie einfach eine(n) Deutsche(n), ob er oder sie mit seinem Freund/seiner Freundin zusammenlebt. Sie werden einen Sturm der Entrüstung und ungläubige Gesichter ernten. Unter Elitedeutschen ist die Vorstellung von zwei Menschen, die zusammenleben, schlicht unbegreiflich, es sei denn, es ist eine WG. In dem Fall ist es cool und hip und erhöht zwangsläufig ihre soziale Kompetenz. Wenn es aber zwei Liebende sind, die zusammenziehen, bedeutet das den Verlust aller »Privatsphäre« und das definitive Ende ihrer Jugend. Sie werden sagen, es sei aus Angst vor der Monotonie, wenn sie ihren Partner jeden Tag sehen und ihnen bald die Gesprächsthemen ausgehen. Wenn sie in getrennten Wohnungen wohnen, können sie sicher sein, dass sie einander nie ganz ergründen werden, was die Beziehung auf charmante Art hübsch kompliziert macht und eine solide Grundlage für viele Missverständnisse, Streits und dreitägige SMS-Kriege ist, die eine Beziehung hip und interessant werden lassen.

Wenn die Beziehung richtig lange (mehr als zwei Jahre) hält, könnte sich Ihr Freundeskreis an die ständigen Zankereien und Kämpfe gewöhnen und das Interesse an Ihnen als Paar verlieren. Das dürfen Sie nicht zulassen. Glücklicherweise gibt es einen Weg, die Messlatte der zur Schau getragenen Ernüchterung anzuheben: eine *kapriziöse Trennung*.

Eine *kapriziöse Trennung* ist eine Technik für Fortgeschrittene, die nur erfahrene Ausländer in Deutschland versuchen sollten. Andernfalls könnte sie einfach unbemerkt bleiben, und Sie enden tatsächlich als Single. Folgendermaßen funktioniert es: Rufen Sie aus dem Nichts heraus einen Ihrer deutschen Bekannten an, am besten denjenigen, der am besten im Verbreiten von Klatsch ist, und erzählen Sie ihm, Sie hätten sich von Ihrem Partner getrennt und bräuchten einen Platz, wo Sie bleiben können, bis Sie eine WG gefunden haben, die hip genug ist, dass Sie einziehen können. Ihr deutscher Bekannter wird begeistert sein, als Ihr »Trennungsmanager« fungieren zu können und keine Mühen scheuen, um all die kleinen Dinge zu organisieren, die einer kapriziösen Trennung folgen. Je mehr Leute in Ihre persönlichen Beziehungsprobleme hineingezogen werden, desto mehr Aufmerksamkeit werden Sie bekommen. Sie werden über Nacht geradezu berühmt werden und können sicher sein, dass die Leute hinter Ihrem Rücken über Sie reden. Lehnen Sie sich einfach zurück und sehen Sie zu, wie Ihre Facebook-Pinnwand sich rasch mit Leuten füllt, die Ihnen zujubeln.

Ein wichtiger Teil einer kapriziösen Trennung ist der »Auszieh«-Part. Normalerweise muss ein Partner (der Böse) in der gemeinsamen Wohnung bleiben und der andere (das Trennungsopfer) bekommt eine kostenlose Runde »Umzugshilfe«. Sie können sicher sein, dass am Umzugstag eine Menge Ihrer Freunde und ein paar Fremde da sein werden, um Ihnen beim Umzug zu helfen; nicht unbedingt weil sie das Bedürfnis haben, einem Menschen in einer Notlage zu helfen, sondern aus Neugier auf saftigen Trennungsklatsch.

Egal was Sie machen, sorgen Sie dafür, dass Sie irgendwo hinziehen, wo sie nicht lange bleiben müssen. Das wichtigste Element einer kapriziösen Trennung ist die *heimliche Versöhnung*: Schließlich war der Sinn der Trennung, zurück ins Scheinwerferlicht zu kommen und nicht Ihre Beziehung zu beenden. Nach einer Schonfrist, die üblicherweise zwischen einer Woche und drei Monaten dauert, kann man gefahrlos zugeben, dass man sich mit seinem Partner versöhnt hat und alles wieder normal ist. Dabei ist es wichtig, dass Sie sehr zuversichtlich und glücklich klingen, wenn Sie das sagen, denn dann wirkt jeder, der jetzt (zu Recht) verärgert über Ihr sprunghaftes Verhalten ist, echt kompliziert und gehässig. So können Sie jede Unannehmlichkeit unterdrücken und ziehen das Maximum aus Ihrer Trennung heraus.

Denken Sie daran: Bevor Sie lautstark streiten, sich prügeln oder kapriziös trennen, sorgen Sie dafür, dass es nicht nutzlos vorübergeht. All das pubertäre Theater hat keinen Sinn, wenn nicht mehrere Ihrer Bekannten eine Chance haben, es mitzuerleben. Vergessen Sie nicht, dass der Hauptgrund für das Eingehen dieser Beziehung der war, Ihre Freunde zu beeindrucken, indem Sie wie eines dieser quirligen Paare aus einem französischen Autorenfilm wirken.

Der einzige Moment im Leben, wo es gerade noch akzeptabel ist, zusammenzuziehen, ist nach der Hochzeit. Und selbst dann ist es wichtig, dass jeder sein eigenes Zimmer bekommt. Anscheinend sind Deutsche extrem psychotische Menschen, die es nicht ertragen, mit einer anderen Person zusammen zu sein, ohne einen sicheren Hafen zu haben, in den sie sich zurückziehen und ihre Plattensammlung hören können und dabei leise weinen und sich wünschen, es wäre wieder 1991, »du weißt schon, dieser tolle Sommer, als wir 19 waren und an einem faulen Sonntagnachmittag mit den ganzen coolen Leuten, die wir im *Tresor* kennengelernt haben, eine spontane Grill-After-Party gefeiert haben«.

Krasse Bücher von unkonventionellen Frauen

Ein relativ neues Phänomen, für das Sie genügend Zeit einplanen sollten, weil Sie darüber nachgrübeln und wichtigtuerisch darüber werden sprechen müssen, ist das krasse Buch, geschrieben von einer unkonventionellen Frau.

In den letzten Jahren haben Elitedeutsche einen unersättlichen Appetit nach krassen Büchern von unkonventionellen Frauen entwickelt. Wann immer eines herauskommt, werden alle Elitedeutschen ganz aufgeregt und hektisch und verbringen viel Zeit damit, die künstlerische Bedeutung dieses neuen Buches zu erklären. Es ist die Pflicht eines jeden Menschen auf deutschem Boden, Partei in dieser Diskussion zu ergreifen. Wenn Sie es versäumen, sich für eine Seite zu entscheiden, und einem Ihrer deutschen Bekannten erzählen, dass Sie sich eigentlich gar nicht für krasse Bücher von unkonventionellen Frauen interessieren, wird er Sie vollkommen entgeistert und fassungslos ansehen, als hätten Sie ihm eben anvertraut, dass Sie kein gewöhnlicher Expat sind, sondern K'Xartax, galaktischer Botschafter des Nebulon-II-Systems.

Niemandem, dem das krasse Buch einer unkonventionellen Frau gleichgültig ist, wird verziehen. Das gilt vor allem für alternde Elitedeutsche, die professionell mit Büchern zu tun haben, wie zum Beispiel Zeitungskolumnisten. Immer wenn so ein Buch erscheint, findet ein verzweifeltes Wettrennen unter ihnen statt, wer den eigennützigsten, abgehobensten Beitrag schreibt, der mehr als alles andere darauf hinweisen soll, dass sie die Einzigen sind, die die Themen und Sprache der jungen Leute wirklich »kapieren«. Sie überschlagen sich, der Erste zu sein, der ihrer »Kaiserin des Unkonventionellen« attestiert, dass sie tatsächlich neue Kleider hat.

Wenn jemand es wagt zuzugeben, dass er unbeeindruckt ist oder gar, puh, das krasse Buch der unkonventionellen Frau womöglich nicht gut fand, dann wird dieser Jemand schnell feststellen, dass er verhöhnt wird, weil er »zu alt und zu langweilig« sei, um auch nur ansatzweise das bahnbrechende Ereignis in der Literaturlandschaft zu erfassen, das das krasse Buch der unkonventionellen Frau ausgelöst hat. Die Empörung und Beschimpfungen werden so unverhältnismäßig sein, dass man auf die Idee kommen könnte, die alternden Elitedeutschen, die das Buch verteidigen, seien gar nicht so sehr an Literatur oder den Problemen junger Leute interessiert, sondern vielmehr an der Vorstellung, sich einem vermeintlich jungen und interessanten Blickwinkel anzuschließen, nur um sich selbst jung zu fühlen und selbstgefällig über andere zu urteilen.

Rechtfertigen die krassen Bücher von unkonventionellen Frauen nun den Tumult, den sie auslösen? Für den oberflächlichen Betrachter könnte es auf ewig unerklärlich bleiben, warum alle zwei Jahre jemand mit bestenfalls eingebildeten schriftstellerischen Fähigkeiten, der über genau dasselbe Jugendzeug (Gelegenheitssex, Drogen und Partys) schreibt, das die Werke von Millionen von Autoren vor ihm inspiriert hat, gönnerhaft überbewertet und als Ego-Krücke von albernen, dick gerahmte Brillen tragenden Möchtegerns aus der Verlagsbranche und abgeklärten Feuilletonisten gleichermaßen benutzt wird.

Aber wenn Sie genauer hinsehen, werden Sie erkennen, dass krasse Bücher von unkonventionellen Frauen perfekt auf das alternde elitedeutsche Ego zugeschnitten sind. Die Leute können einfach nicht anders, als direkt in die Falle zu gehen, die aus Teenagerängsten und Counter-Culture-Kitsch errichtet wurde: Zunächst einmal enthalten die Bücher natürlich eine unnötige Menge krasser Sprache und Handlung. Nur wenig begeistert Deutsche mehr als der künstlich hergestellte totale Kontrast zwischen dem cleanen Image einer jungen Frau und ihrem Schreiben über extreme Dinge in unzweideutiger Sprache. Egal wie repetitiv, egal wie vorhersehbar und egal wie gekünstelt der Gebrauch von krassen Themen und Sprache ist: Ihre elitedeutschen Bekannten sind jedes Mal wieder gebührend schockiert und doch erfreut über die »authentische« und »unkonventionelle« Herangehensweise an die Sprache, die sie irrtümlich für die tatsächliche Sprache dieser obskuren, schwer greifbaren Gruppe halten, die sie »junge Leute« nennen.

Außerdem sind die Autoren dieser Bücher unkonventionelle Frauen. Der Begriff »unkonventionell« umfasst viele der Eigenschaften, mit der ein idealer Deutscher ausgestattet sein muss, wie zum Beispiel Spontaneität. Spontaneität, obgleich der Schlachtruf der Mittelmäßigen, ist vielleicht der einzig wichtige Qualitätsindikator für Deutsche. Sie stellen sie über alles, auch über Genialität. Wenn morgen ein brillanter deutscher Wissenschaftler nach Jahrzehnten harter Arbeit die endgültige große Theorie des großen Ganzen entdeckt, dann wird das Ihre deutschen Bekannten nicht besonders beeindrucken, denn der Wissenschaftler ist nicht einfach nur *spontan* darüber gestolpert, zum Beispiel auf dem Heimweg von einer wilden Guerilla-Vernissage.

Manchmal beschließt die unkonventionelle Autorin auch, total »Old school« zu sein und es mit einer richtigen Handlung zu versuchen. Leider wird die Story dann so absehbar und unreif, dass sogar J.K. Rowling die Augen verdrehen würde. Das ist kein Problem für Elitedeutsche, die eilig die Abwesenheit einer fesselnden Handlung als geniales postmodernes Handlungselement deklarieren werden. Es ist einfach so »now« und unkonventionell! Was wiederum zeigt, dass sie sowieso nicht an einer Geschichte interessiert waren, sondern die mehrere hundert Seiten schmerzhaft postmodernes und absolut sinnloses Geschwafel der gehemmt subversiven Heldin, die, je nach Verkaufszahl, vielleicht doch oder auch nicht ein Alter Ego der Autorin sein könnte, allein für das schöne Gefühl durchkauen, dass ein bisschen Postmoderne und Unkonventionalität auf sie abfärben wird.

Wenn es tatsächlich abgefärbt hat und der alternde Elitedeutsche wirklich ein klein wenig Aufmerksamkeit bekommen hat, wird er das Buch aggressiv gegen den Vorwurf verteidigen, oberflächlich, bedeutungslos oder komplett plagiiert zu sein. Dafür wird er stümperhaft »junge« und »trendige« Begriffe anwenden, in der Hoffnung, dass seine Kritiker eingeschüchtert schweigen werden, weil sie fürchten, sich selbst als »zu alt und zu langweilig, um über das Thema zu sprechen« zu outen. Er wird zum Beispiel erklären, die Autorin sei »wie ein DJ, der Sprache statt Musik mixt und sampelt«, oder die Abwesenheit einer Handlung sei »ein mächtiges Symbol für den Orientierungsmangel in unserer postkapitalistischen Gesellschaft und die Verwirrung, die sie in jungen Menschen erzeugt«.

Keiner der alternden Elitedeutschen würde hingehen und wirklich einen dieser jungen Menschen, die sie so gönnerhaft behandeln, selbst dazu befragen. Sie hätten vermutlich sowieso nicht viel Glück damit, denn all die jungen Leute, die keine unkonventionellen Frauen mit Autorenvertrag sind, schämen sich zu sehr für diese unfähigen Autorinnen, die angeblich ihre Generation vertreten, als dass sie je wieder öffentlich ein aufrichtiges Gefühl äußern würden.

Kreativität

In manchen Teilen von Deutschlands Großstädten herrscht eine neue Art von Klassenkampf. Nur, dass diesmal nicht entscheidend ist, in welche Familie man hineingeboren wurde. Teil dieser neuen kreativen Klasse zu sein, ist der Adelszugehörigkeit im England des 18. Jahrhunderts aber insofern ähnlich, als man sich allen weit überlegen fühlen kann, die in normalen Berufen (außerhalb von Medien/ Kunst/Mode/Internet/Werbung) arbeiten, und als alle Schrullen, die man hat, als charmant und wichtig betrachtet werden statt als nervig und trivial.

Obwohl es relativ leicht ist, ein Mitglied der kreativen Klasse zu werden, ist das Gefühl von Berufung und Über-legenheit »normalen« Menschen gegenüber ziemlich hoch. Für einen kreativen Menschen sind die meisten nicht-kreativen Menschen nichts weiter als stumpfsinnige, sab-bernde Humanautomaten, die unfähig sind zu einem echten Gefühl, das nichts mit Konsum oder Sport zu tun hat, die einen furchtbar seelenlosen Firmenjargon sprechen, keine Ahnung von der tristen Natur ihres »9 to 5«-Lifestyles als ferngesteuerte Zombieknechte des Kapitalismus haben, deren einziges Streben ein langweiliges, ereignisloses Leben in den Vorstädten als Kadaver in Wartestellung ist, statt ganz nah am Zeitgeist zu stehen, Tag und Nacht unglaublich kreative Dinge zu tun, das superspannende Leben eines Rockstars am Rande der Selbstzerstörung zu leben, so dass es selbst für Pete Doherty »too much« wäre.

Deshalb wird Kreativität in Deutschland höher bewertet als alles andere. Man betrachtet sie als von solch überragender Wichtigkeit bei allem, was man tut, dass Deutsche überzeugt sind, echte Mühe auf eine Arbeit zu verwenden, würde unvermeidbar jeden kreativen Wert, den sie vielleicht

einmal hatte, zerstören. Was praktisch ist, denn die meisten Elitedeutschen, die gern mit ihrem grenzenlos kreativen Potenzial prahlen, sind zufällig auch ein bisschen faul. Oder, wie sie selbst es ausdrücken würden, »noch in der Lage, die

Perfektion im Unfertigen und Spontanen zu sehen, wie damals, als wir Kinder waren«.

Zudem ist Kreativität eine Unbedingtheit. Sie können nicht ein bisschen kreativ sein. Sie können nicht nur eine Weile kreativ sein. Und Sie können nicht nur in manchen Dingen kreativ sein und in anderen nicht. Wenn Sie erst einmal ein Mitglied der kreativen Klasse sind, ist die Kreativität genetisch mit Ihrer Existenz verwoben, genau wie sich quiekend im Schlamm zu wälzen, einem Schwein in den Genen liegt, und aus allem, was Ihrem Gehirn entspringt, seien es Worte, Musik oder Mimik, sickert unbestreitbar geniale, einzigartige, sprunghafte Kreativität.

Es kann zwar auch nicht schaden, aber um ein Teil der kreativen Klasse zu werden, muss man nicht in eine blaublütige Familie hineingeboren sein. Und was noch besser ist: Sie müssen nicht einmal Talent, neue Ideen, Enthusiasmus oder Ambitionen haben; nein – um sich der kreativen Klasse anzuschließen, genügt es vollkommen, ins richtige Stadtviertel zu ziehen, am besten nach Berlin-Mitte, bei American Apparel ein paar ironische modische Accessoires zu kaufen und Ihre Wochenenden in den richtigen Cafés zu verbringen, auf den Bildschirm eines Laptops der richtigen Marke zu starren und sich kein bisschen darum zu scheren, dass genau in diesem Augenblick Hunderttausende anderer Kreativer auf der ganzen Welt genauso angezogen sind, dasselbe denken und exakt dieselbe Technologie benutzen, um exakt dieselben halbgaren, amateurhaften Ergebnisse hervorzubringen, während sie an exakt denselben überteuerten

Kaffeespezialitäten nippen und exakt dasselbe unbegründete Selbstvertrauen haben, kurz gesagt: dass sie einzigartige Dinge auf einzigartige Art und Weise tun.

Aber lassen Sie sich davon nicht stören, denn Sie sind jetzt Teil der kreativen Bewegung, die echt total neu definiert, wie wir in Zukunft zur Arbeit gehen, denken und Liebe machen werden, und die die treibende Kraft hinter der Bildung einer neuen, besseren Gesellschaft ist. Sobald Sie damit fertig sind, den unglaublichen YouTube-Clip von der Eröffnung der Guerilla-Kunstgalerie Ihres Freundes anzusehen. Machen Sie sich nicht zu viele Gedanken darüber, dass Sie es sind, dem man die Schuld dafür geben wird, dass sich die Bedeutung von »Kreativität« in einen Euphemismus für »arbeitslose Mittzwanziger mit reichen Eltern« verwandelt hat.

Männer der unteren Mittelschicht

Es wird Zeit, Ihnen eine neue lustige demografische Gruppe vorzustellen: die Männer der unteren Mittelschicht. Historisch gesehen waren diese Typen schon immer perfekt für Frauen der oberen Mittelschicht. Vom Paris des 19. Jahrhunderts, als reiche Frauen aus den oberen Rängen der Gesellschaft Liebesaffären mit armen, aber superinteressanten Malern begannen, bis ins heutige Berlin – der Mann aus der unteren Mittelschicht hat es schon immer verstanden, sich auf eine Art zu geben, wie sie unweigerlich anziehend auf gutsituierte, aber zutiefst verwirrte Frauen wirkt.

Von diesen Frauen der oberen Mittelschicht wird verlangt, dass sie theatralisch gegen ihre Familie »revoltieren«, wenn sie ein jugendliches Alter erreicht haben und die bürgerliche Schuld sie überwältigt. Die Revolte sollte idealerweise ein paar Jahrzehnte anhalten, bis sie ein Alter erreichen, wo es gesellschaftlich akzeptabel ist, zur Ruhe zu kommen, langweilig zu werden und die gutbürgerliche Familientradition fortzusetzen, ohne das Risiko einzugehen, eine Heuchlerin genannt zu werden.

Hier kommen die Männer der unteren Mittelschicht ins Spiel. Für jede bourgeoise Frau, die danach strebt, ihr Image zu verbessern, gilt es als akzeptabel, eine Affäre mit einem

»wilden« und »nonkonformistischen« Mann aus der unteren Mittelschicht zu beginnen. Solch eine Liaison einzugehen ist für beide Seiten profitabel. Zusammen bilden sie eine symbiotische Beziehung, die ihren Interessantheitsgrad auf ganz neue Ebenen erhebt. Das Ganze hat einen (natürlich unwesentlichen) Preis: Es macht das Leben von normalen, bescheidenen Menschen viel schwieriger und ärgert sie zu Tode.

Im Gegensatz zur Frau aus der oberen Mittelschicht befindet sich der Mann aus der unteren Mittelschicht in der bemitleidenswerten Lage, dass er nicht so leicht zu einem Vertreter der Nonkonformisten werden kann. Er muss sich *wirklich* an vermeintlich wilden und nonkonformistischen Angelegenheiten beteiligen. Man kann durchaus sagen, dass in den hipperen Stadtvierteln von Deutschland fast alle Männer zur unteren Mittelschicht gehören oder gehören wollen. Das »Berlin-Oxymoron«, das festsetzt, dass Sie, um als interessanter Nonkonformist betrachtet zu werden, exakt genauso aussehen, dasselbe tun, sagen und denken müssen wie die Leute in Ihrem hippen Viertel, trifft auf nichts besser zu als auf diese Männer der unteren Mittelschicht. Was für den neutralen Beobachter aussehen mag wie pubertäres, unwürdiges Theater, ist in Wahrheit ein todsicherer Weg zu extremer Beliebtheit bei Frauen der oberen Mittelschicht und in manchen Fällen sogar der ganzen Welt: Ein Prototyp für den jungen, aufstrebenden Mann aus der unteren Mittelschicht von heute war Andreas Baader von der legendären deutschen Terroristengruppe RAF.

Zur Beruhigung für die empfindlichen Leser: Sehr wenige der nach Schema F andersartigen jungen Männer in Deutschland streben heute danach, tatsächlich Terroristen zu werden. Die Mehrheit mag nur den Imageschub, der damit einhergeht, sich mit dem wilden und gefährlichen Image des Terrorismus zu assoziieren. Wenn man sich ein bisschen in Baaders Geschichte als der angebliche Anführer der RAF einliest, kann man nur bewundern, wie mühelos er es schaffte, sich bei den Elitedeutschen zu integrieren. Jeder Aspekt seiner Karriere liest sich wie ein Plan, sich bei »den Coolen« echt beliebt zu machen.

Baader stammt aus einer bourgeoisen Familie. Sein Vater war Kunsthistoriker, kehrte aber nicht aus dem Krieg heim, weshalb Baader nur von Frauen umgeben aufwuchs. In seinen Teenagerjahren wurde der Arbeitsaufwand, den er in Schulaufgaben stecken sollte, schnell zu viel für ihn, deshalb lenkte er seine Aufmerksamkeit auf Bagatelldelikte wie Fahrräder stehlen, später auch Autos, mit denen er ohne Führerschein auf deutschen Autobahnen herumraste.

Sogar damals standen geistlose Tussen aus der oberen Mittelschicht nicht auf die verweichlichten, gesetzestreuen Nerds. Andy war clever genug, zu erkennen, dass seine bourgeoise Erziehung nur zu einem inakzeptabel normalen Leben führen würde, also begann er mit hippem Zeug wie Autodiebstahl und sich wie die bayerische Version von James Dean aufzuführen. Er arbeitete fieberhaft daran, seinen Status vom langweiligen Bürgerlichen zur liebenswerten unteren Mittelschicht abzusenken, indem er eine Menge

Bagatelldelikte beging und sein Image des unausstehlichen Wichtigtuers, ups, Verzeihung, des freiheitsliebenden Rebellen kultivierte.

Nachdem er mit 20 aus seiner Heimat im südlichen Bayern nach Berlin gezogen war, rang der inzwischen gutaussehende Andreas Baader darum, von den lokalen Hipstern akzeptiert zu werden. Er nahm sogar den heute hoch angesehenen Lifestyle der Berliner Boheme vorweg: Er versuchte sich erfolglos als Journalist, Model und Künstler, doch da es unter seiner Würde war, echte Mühe in eine nichtkreative Berufslaufbahn zu stecken, scheiterte er am Ende in jedem Job, den er in Angriff nahm.

Wie alle interessanten Leute konnte Andy einfach nicht in dem rückständigen, langweiligen München bleiben, also folgte er wie Zehntausende von deutschen Nonkonformisten vor und nach ihm dem Lockruf, ins hippe Berlin zu kommen, um eine Weile in Medienjobs herumzustümpern. Man kann sich nur fragen, ob er auch Terrorist geworden wäre, wenn zu dieser Zeit schon Twitter und Facebook erfunden gewesen wären, oder ob die Aufschieberei ihn überwältigt hätte. Oh, und zum Thema, er sei »gutaussehend« gewesen ... sehen wir uns mal schnell ein Foto an ... autsch, was für ein Traummann! Andererseits könnte man auf den zweiten Blick schon nachempfinden, dass er als gutaussehend bezeichnet wurde – auf gewisse Weise. Auf eine sehr kopflastige, angstbeherrschte, komplizierte, grüblerische Weise.

In Berlin lernte er in einer Szenekneipe die verheiratete Malerin Ellinor Michel kennen, die so fasziniert war von Andreas Baaders prahlerischen Wilder-Mann-Mätzchen, dass sie, gute

*obere Mittelschicht-Frau, die sie war, keine Zeit verlor und eine
Ménage à trois mit ihm und ihrem Mann anfing. Während der
Ehemann schnell merkte, dass er nicht so Elite war wie er gedacht haben mochte, die Ménage à trois verließ und auszog (es
ist nicht überliefert, ob er eine umfangreiche Vinylplattensammlung hatte, die er den ganzen Weg nach unten tragen musste),*

*war Ellinor Michel nur zu bereit, Andreas Baader finanziell zu
unterstützen, während der nichts Besonderes tat, außer ein Kind
zu zeugen (das er natürlich vernachlässigte), eine Überdosis LSD
zu nehmen und noch ein bisschen in gestohlenen Luxusautos
herumzurasen, dabei »gut auszusehen« und noch weitere Affä-
ren mit verwirrten dunkelhaarigen Frauen aus der oberen Mittelschicht anzufangen, wie der Möchtegern-Terroristin Gudrun
Ensslin, die ebenfalls bald Ehemann und Kind für Baader
verließ.*

Nehmen Sie sich Baader als Beispiel: Wenn Ihnen klar
wird, dass Schule, Universität und ein richtiger Job zu viel
Arbeit bedeuten und Sie das tiefsitzende Gefühl haben, dass
Sie zu besonders sind, um das gewöhnliche Leben eines normalen Menschen zu führen, bemühen Sie sich einfach nach
Kräften, das Image eines »wilden« und »gesetzlosen« Kerls
zu entwickeln. Der Standard-Gesetzlose genügt: Kaufen
Sie sich eine Lederjacke, lassen Sie sich einen filzigen Bart
wachsen und hängen Sie viel in hippen Bars herum, wo Sie
allen in aufgeblasenem und überheblichem Ton von Ihren
Plänen und Träumen erzählen. Leicht zu beeindruckende,
Abenteuer suchende deutsche Frauen der oberen Mittelschicht werden sich überschlagen, Ihre Geliebte zu werden

und ein bisschen später Ihre *Sugar Mommys*. Andy lebte ganz einfach den Traum eines jeden Mannes aus der unteren Mittelschicht: Sich von einer Frau bewundern und bezahlen lassen, während man seinen dummen kleinen Hobbys nachgeht, wie Fischen, Platten sammeln oder sich stümperhaft im Terrorismus zu versuchen.

Das Potenzial erkennend, sein Wilder-Mann-Image zu fördern und bei noch mehr Frauen der oberen Mittelschicht anzukommen, half Baader Ensslin bei ihrer terroristischen Mission. In einem Akt anti-imperialistischer Mittelmäßigkeit legten sie ein paar Feuer in der Brutstätte des mörderischen Kapitalismus und gnadenlosen Konsumterrors schlechthin: einem Kaufhof. Sie wurden kurz darauf verhaftet und verurteilt. Doch bevor sie eingesperrt wurden, tauchten sie unter und flohen in einem weißen Mercedes nach Paris. Dort lebten sie in einer riesigen Altbauwohnung, die einem reichen, linken Intellektuellen gehörte, und verbrachten viele faule Tage mit Herumhängen und Rauchen in Cafés, trugen noch mehr Lederjacken, ließen sich künstlerisch wertvoll fotografieren und bewunderten sich selbst in Spiegeln, weil sie so gutaussehende und tolle Terroristen waren.

Immer wenn es in der Beziehung eines Mannes aus der unteren Mittelschicht mit einer Frau aus der oberen Mittelschicht eine Krisensituation gibt, wie in den Knast zu müssen, spielen Sie die *Paris*-Karte aus. Alle Deutschen mit Selbstwertproblemen fühlen sich gern als Mitglied der Pariser Boheme. Deutsche Frauen der oberen Mittelschicht bekommen unweigerlich weiche Knie, wann immer sie eine Chance bekommen, in einem Pariser Café herumzusitzen,

eine Ponyfrisur zu tragen, auf total intellektuelle Art Zigaretten zu rauchen und ihre wirren, existenzialistischen Träume mit ihren brutalen, aber irgendwie »gutaussehenden« Freunden zu diskutieren. Dann fühlen sie sich wie eine Femme fatale in einem dialoglastigen französischen Film aus den 60ern. Ersetzen Sie einfach den weißen Mercedes durch ein moderneres, umweltfreundlicheres Fortbewegungsmittel, wie ein auf alt gemachtes Rennrad, und Sie sind einmalig.

Als die RAF sich eingehender damit befasste, eine ausgewachsene Terroristengruppe zu werden, machte Baader mit. Da er nicht gerade das hellste Licht im Hafen war, drehten sich seine anarchistischen Interessen weiterhin darum, Luxusautos zu fahren, Ray-Ban-Sonnenbrillen zu tragen und so zu tun, als sei er der Anführer der ganzen Gruppe. Nachdem er noch ein bisschen pompösen Terrorismus gemacht hatte, aus dem Gefängnis geflohen war und tat, was er am besten konnte, nämlich alle zu Tode zu nerven, inklusive seiner eigenen Leute, wurde er schließlich geschnappt und in Stuttgart ins Gefängnis gesteckt. Bis dahin hatte er schon Kultstatus bei der deutschen Elite erreicht. Doch ein paar neidische alte Knacker, wie der französische Philosoph Jean-Paul Sartre, der Baader »dumm« und ein »Arschloch« nannte, teilten diese Einschätzung nicht. Sein Tod im Gefängnis förderte eine der beliebtesten kulturellen Traditionen der Deutschen: sich coole Verschwörungstheorien ausdenken. Je nachdem, wen man fragt, verübte Baader entweder Selbstmord oder, falls Sie den Verschwörungstheoretikern Glauben schenken, wurde von Gefängniswärtern erschossen, die von der deutschen Regierung instruiert waren, die natürlich von den Zionisten *instruiert war*.

Das Wichtigste, was Sie aus Andys Terroristenkarriere lernen können, ist, wie Sie die öffentliche Wahrnehmung von Ihnen als dem »Anführer« einer bestimmten Gruppe beeinflussen können, während Sie in Wahrheit nur ein einfacher Mitläufer sind, dessen einzige Leistung es ist, durch genau die rücksichtslose und egoistische Jeder-gegen-jeden-Weltsicht, gegen die Sie angeblich kämpfen, alle Aufmerksamkeit auf sich selbst zu lenken. Aber machen Sie sich keine Sorgen – Ihre elitedeutschen Bekannten werden Sie nicht dafür verantwortlich machen, denn sie glauben nicht an so langweilige Vorstellungen wie »im Widerspruch zu sich selbst stehen«. Ganz im Gegenteil – wenn Sie einen echten Baader abziehen, können Sie sicher sein, dass Generationen von Elitedeutschen bereitwillig die Geschichte missdeuten werden und Ihren Namen und Ihr Foto auf T-Shirts drucken, die ihrem Träger auf magische Weise die Aura des verwegenen Nonkonformismus und das Image eines engagierten Kämpfers gegen Kapitalismus und Konsumterror verleihen.

Heutzutage besteht die Hauptdaseinsberechtigung von München darin, dass durch ihre Existenz die Leute in Berlin mit ihrem Leben zufriedener sein können. Wann immer das Gespräch auf München kommt, werden Eliteberliner – ohne Ausnahme – plötzlich sehr aufgeregt, vor allem die aus Berlin-Mitte. Sie sollten sich dann auf einen 30-minütigen Vortrag darüber gefasst machen, wie konservativ, ahnungslos und rückständig München doch sei im Vergleich mit dem kreativen, politisch aktiven, individualistischen und insgesamt trendigeren Berlin.

Wie Hetztiraden es so an sich haben, enthüllen sie immer mehr über das dürftige Selbstbewusstsein und die fragile Psyche des Hetzers als über den Gegenstand der Hetze selbst. Für einen neutralen Beobachter ist es wirklich amüsant zu erfahren, dass Berlin, die selbsternannte Hauptstadt der Kreativität, Kunst, Counter-Culture und bezahlbaren Altbauwohnungen mit Parkettboden, sich offenbar unaufhörlich dazu herausgefordert fühlt, ihre vermeintliche Überlegenheit mit einer Provinzstadt zu messen, die nur ein Viertel so groß ist und sich etwas darauf einbildet, Tummelplatz für massenweise deutsche D-Promis zu sein, von denen kein Mensch je gehört hat. Erwähnen Sie diesen

Widerspruch Ihren deutschen Bekannten gegenüber nicht, sondern benutzen Sie ihn weise, um deren Bild von Ihnen als interessanter Mensch, der sich hingebungsvoll bemüht, wie sie zu werden, erneut zu bestätigen: Lassen Sie von Zeit zu Zeit eine abfällige Bemerkung über »diese furchtbare, rückständige Stadt in Bayern« fallen. Dabei kann es hilfreich sein, großzügig über die Tatsache hinwegzusehen, dass München auf der ganzen Welt genau dafür geliebt wird – für seinen charmanten Mangel an Ambitionen, sich mit viel größeren Städten, vor allem mit Berlin, zu messen.

Da es nahezu unmöglich ist, irgendwo eine vorurteilslose Meinung über München zu finden, könnten Sie in Versuchung geraten, hinzufahren und selbst ein paar Recherchen anzustellen. Überlegen Sie es sich aber gut, ob Sie Ihren Berliner Bekannten von Ihren Plänen erzählen. Wenn Sie sich versehentlich verplappern, sollten Sie sich auf der Stelle entschuldigen und eine akzeptable Begründung vorbringen. Eine Möglichkeit wäre: »Ich wurde gebeten, nach München zu fahren, um dort bei einer Vernissage ein bisschen Indie-Electronica aufzulegen. Gott, womit habe ich das bloß verdient?«, was Ihnen eine Menge Mitleidspunkte einbringen wird, und es könnte sein, dass Ihre Freunde Ihnen für den restlichen Abend die Getränke bezahlen. Zweite empfohlene Variante: Sagen Sie, Sie fahren im Rahmen eines Aktionskunstprojektes nach München, bei dem es darum geht, dass Sie auf ironische Weise den typischen Münchner Lifestyle annehmen, inklusive hochgegelter Haare, aufgestelltem Kragen, einem weißen VW Golf Cabrio und einem Besuch bei einem Bayern-München-Spiel, was Sie alles mit einer halb kaputten Super-8-Kamera filmen werden, um es später bei einer Guerilla-Ausstellung im hippen Neukölln zu zeigen.

Wenn Sie in München ankommen, könnte es passieren, dass Sie sich sofort zu Hause fühlen, denn die Leute in München scheinen sich – genau wie die coolen Berliner – den Look und die Mode der 80er zu eigen gemacht zu haben. Lassen Sie sich aber nicht so leicht täuschen. Sehen Sie genauer hin: Es liegt nicht die Spur Ironie in der Münchner Version, ein bestimmtes Jahrzehnt aufzusaugen und seine Mode, Musik und Grundhaltung anzunehmen, um die beängstigende Seichtheit der eigenen fragilen Persönlichkeit aufzufüllen.

Bei einem Spaziergang in der Innenstadt werden Sie sofort bemerken, wie sauber und herausgeputzt sie ist. Das liegt daran, dass die Münchner in allem, was »Trend« ist, so weit hinterherhinken, dass sie immer noch nicht den »Arm, aber sexy«-Lifestyle angenommen haben, der nur in einer rauen, düsteren Umgebung wie Berlin richtig gedeihen kann. Die hübschesten Stadtteile von München sind sogar so sauber und schick, dass sie an einem sonnigen Tag aussehen, als hätte Walt Disney sie sich ausgedacht und eine Bande Schweizer mit Zwangsstörungen hielte sie instand. Man fragt sich, ob München es je schaffen wird, den Umfang an Dreck, Müll und Schäbigkeit – oder kurz gesagt, Sexiness – aufzuholen, den Berlin besitzt, oder ob es, was wahrscheinlicher ist, für immer in all seiner noblen und schönen Bedeutungslosigkeit stecken bleiben wird.

Wenn Sie neu in Deutschland sind und sich der über-
legenen, fortschrittlich denkenden Weltsicht der neuen
Berliner Elite noch nicht ganz angeschlossen haben, seien
Sie gewarnt: Bei einem Besuch in München werden Sie sich
möglicherweise von der dunklen Seite angezogen fühlen.
Insofern, als München tatsächlich all diese bösen, mas-
senkompatiblen Vorteile vereint, vor denen Ihre Berliner
Freunde Sie immer gewarnt haben: Jobs, saubere Parks und
freundliche Verkäufer in den Geschäften. Es mag aussehen

und sich anfühlen wie das Deutschland, das Sie immer zu finden gehofft hatten. Sie könnten sogar verleitet werden zu denken, an so einem Ort zu wohnen, könnte Sie am Ende glücklicher machen, als in einer Stadt zu leben, die hauptsächlich immer wieder versucht – und dabei scheitert –, eine billige, wenig ehrgeizige Kopie von Williamsburg, NYC zu werden.

Im Gegensatz zu Berlin haben viele internationale Konzerne, wie die heißgeliebte Firma Apple, ihr Geschäft in oder um München eröffnet, so dass dort eine ganze Menge von diesen gut vergüteten, aber seelenvernichtenden und kreativitätsschädlichen Jobs zu haben sind. Die Leute in München scheinen noch nie vom Aufstieg der kreativen Klasse gehört zu haben und legen immer noch eine Art pervertierten Stolz auf ihre hochbezahlten Jobs an den Tag, die nicht einmal entfernt mit Kunst, Musik oder Bloggen zu tun haben.

Noch widerwärtiger ist allerdings, wofür Münchner ihr Geld ausgeben. Ob es teures Haarefärben ist, protzige Autos oder super-wartungsaufwändige Frauen und Freundinnen: Wenn etwas Geldausgeben im Überfluss erfordert und einen gesunden Mangel an Bescheidenheit, dann können Münchner nicht genug davon bekommen.

Da haben Sie es – die fundamentale Schwäche von München. Seine Menschen sind immer noch zu sehr den repressiv-paternalistischen Mustern des letzten Jahrtausends verhaftet. Statt einfach Teil der städtischen Boheme zu werden und clever von den großzügigen staatlichen Förderungen zu leben, die die deutsche Regierung Künstlern zur Verfügung stellt, ziehen sie es vor, ihr eigenes, selbstsüchtiges Geld mit Arbeit in bösen multinationalen Konzernen oder Einzelhandelsgeschäften zu verdienen, die nicht einmal entfernt »Pop-Up« oder ironisch sind.

Also hören Sie auf mit dem Tagträumen und konzentrieren Sie sich wieder auf das Ziel Ihrer Mission: Denken Sie daran, Sie besuchen München, um sich selbst zu beweisen, wie cool Berlin ist. Also sollten Sie keine Zeit verlieren und schon einmal anfangen, sich Notizen über all die lahmen (sprich: anders als in Berlin) Dinge zu machen, die Sie erleben. Wieder zu Hause, wird es sich als höchst vorteilhaft für Ihre Beliebtheit bei Berlins Elite erweisen, wenn Sie München mit Hilfe von selbst erlebten Beispielen und bissigen Kommentaren schlechtmachen können.

Namen

Wann immer Sie irgendeine Art von Unterfangen beginnen, an dem Ihre neuen deutschen Bekannten beteiligt sind, wie zum Beispiel ein WLAN-Netzwerk in Ihrer WG einrichten, eine Minimal-House-Combo gründen, ein eigenes Grafikdesignstudio eröffnen oder ein Kind bekommen, wird einer von Ihren deutschen Freunden direkt zu Anfang sagen: »Als Allererstes müssen wir uns einen coolen Namen überlegen.«

Egal wie wenig Zeit bis zum Liefertermin bleibt oder wie unwichtig die Angelegenheit sein mag – Deutsche sind innerlich nicht bereit, den nächsten Schritt zu tun, solange sie nicht den Namen dafür gefunden haben, der ihre Kreativität, Spiritualität und Entschlossenheit, mega-individualistisch auszusehen, ohne dabei zu sehr hervorzustechen, perfekt widerspiegelt.

Sie könnten sogar Recht damit haben: Laut einer aktuellen Studie haben deutsche Kinder, die einen falschen Namen tragen, das heißt einen aus einer beliebten amerikanischen Filmkomödie der 90er Jahre wie »Kevin«, tendenziell schlechtere Noten in der Schule als ihre Freunde mit Elitenamen wie »Finn« oder »Charlotte«. Der Grund dafür ist, dass deutsche Lehrer eine geistige Liste von Vornamen führen, um die Schüler leichter als Minder- oder Mehrleister einstufen zu können und sich die beträchtliche Mühe zu sparen, ihren Job richtig zu machen. Wie kommen sie damit durch, fragen Sie? Nun, deutsche Lehrer sind berühmt dafür, ständig darüber zu schimpfen, überarbeitet und unterbezahlt zu sein und Angst vor diesen tyrannischen Teenagern zu haben. Deshalb wird jede Abkürzung zur Bewertung der Leistungen ihrer Schüler nur als unbedeutende Marotte gesehen, auch wenn es darauf hinausläuft, das Leben eines Kindes zu zerstören. Eltern haben sich bisher wenig beschwert, aber wahrscheinlich nur, damit sie sich nicht das Gemeckere anhören müssen. Also: Nehmen Sie Namen niemals auf die leichte Schulter, wenn Sie sich bei Ihren neuen deutschen Bekannten integrieren wollen – es könnte ein Leben zerstören.

Um die delikate Aufgabe anzugehen, den perfekten Namen zu finden, gründen Deutsche in einem nahegelegenen Bio-Café ein Namenskomitee. Dort werden die Leute, die an dem Projekt beteiligt sind, ein Brainstorming über Namensideen abhalten. Das erfüllt sie mit dem wohlig warmen Gefühl, wie echte Demokraten zu handeln, etwas, wofür Deutsche über die letzten paar Jahrzehnte hinweg eine regelrechte Vorliebe entwickelt haben. Lassen Sie sich aber nicht täuschen – als Ausländer werden Ihre Vorschläge vielleicht angehört und dafür gelobt, eine neue, ausländische Perspektive zu eröffnen, aber wenn die endgültige Entscheidung naht, werden sie vermutlich keine Chance haben, denn Deutsche halten ihre eigenen Ideen letztendlich immer für die besten.

Während der Brainstormingsitzung wird ein technisch

Begabter unter Ihren Bekannten verkünden: »Wir müssen sicherstellen, dass der Name leicht bei Google zu finden ist!« Dann wird ein anderer sich einklinken: »Und es muss einen freien Twitter-Account dafür geben!« Ihre deutschen Freunde werden sich daraufhin gegenseitig zu ihren Kenntnissen der allerneuesten Techniken des Zeitgeistes gratulieren. Ein Dritter wird jetzt anmerken: »Wir sollten definitiv keinen englischen Namen nehmen. Schließlich sind wir hier in Deutschland, und englische Namen sind so was von möchtegern-cool ...«

Dann wird wieder ein anderer anmerken, dass er oder sie als freiberufliche/r Texter/in für eine Werbeagentur gearbeitet hat und deshalb eine »professionelle Schlussredaktion« über die vorgeschlagenen Namensideen kuratieren könnte. Deutsche halten Leute, die in Werbeagenturen arbeiten, für vordenkerische Genies, die pausenlos grenzenlose Kreativität abrufen können, und beugen sich freudig der eitel vorgetragenen Meinung dieser Leute.

Als Nächstes werden Ihre deutschen Bekannten nacheinander anfangen, Namen vorzuschlagen. Es ist ein ungeschriebenes Gesetz, dass die ersten paar Namen – ganz egal, wie passend und genial sie sein mögen – von den anderen Anwesenden kritisiert und dann abgelehnt werden müssen. Preschen Sie nicht vor und sagen Sie: »Das ist es – wir haben den perfekten Namen gefunden. Lasst uns jetzt zu den wichtigeren Themen kommen, wie zum Beispiel dem Businessplan.« Das würde die Zweifel Ihrer deutschen Bekannten an Ihren Prioritäten und an Ihrer Entschlossenheit, einen Namen zu finden, der für andere Deutsche einfach super klingt, verstärken. Jede schnell gefundene Lösung wird im Allgemeinen als minderwertig betrachtet. Sie merken: Dies ist eine der wenigen Gelegenheiten in Deutschland, wo Spontaneität nicht Trumpf ist.

Während die Stunden vergehen und das Koffeinlevel stetig steigt, werden Sie bemerken, dass Ihre deutschen Bekannten zunehmend dünnhäutig und von der Situation gestresst werden und anfangen, die Ideen der anderen Teilnehmer missgünstig abzuschmettern; bis zu dem Punkt, wo alle schlecht gelaunt sind und zu genervt, um noch weiter über mögliche Namen nachzudenken. Vermutlich wird dann jemand aufstehen und auf dem Weg nach draußen mit der Tür knallen. Dann werden alle ein sehr ernstes Gesicht machen und schweigend ihre Hornbrillen putzen. Die Entscheidung wird dann auf einen anderen Tag verschoben.

Üblicherweise wird das verschobene Treffen ohne Sie stattfinden, um »den Prozess zu vereinfachen«. Man wird Ihnen nur beiläufig den Namen mitteilen, für den man sich entschieden hat, wenn Sie zufällig einem Mitglied des Namenskomitees in einer Kneipe oder auf einem Flohmarkt begegnen. Das Ergebnis könnte Sie überraschen: Es wird die allererste Idee sein, die in der ursprünglichen Brainstormingsitzung geäußert wurde, Sie wissen schon, die, die alle als »zu einfach« abgeschmettert haben. Aber in jedem Fall wird der Name ein enttäuschend uninspiriertes Wortspiel sein, das Sie schon tausend Mal gehört haben, das aber wenigstens keinem wehtut.

Pop

In Deutschland – wie überall sonst auch – ist heutzutage der Hauptgrund für die Existenz von Popmusik die Errichtung eines hierarchischen Systems, das dazu dient, festzulegen, wer cool ist und wer nicht. Sie haben vielleicht schon daran gedacht, diese Tatsache zu Ihrem Vorteil zu nutzen und über eine Gruppe von Elitedeutschen fantasiert, die im Halbkreis um Sie herumsteht und verzückt Ihrem tiefgründigen Wissen über neue und vollkommen unbekannte Bands oder obskure Disco-Re-Edits lauscht. Und was träumen Sie nachts, Ausländer? Sie denken das Ganze nicht bis zum Ende durch. Neulinge in Deutschland tendieren zu dem Fehler, viel Zeit damit zu verschwenden, sich die Musik wirklich anzuhören.

Wie kann das ein Fehler sein, fragen Sie? Okay, ich werde es Ihnen erklären: In Deutschland ist es kein leichtes Unterfangen, für cool gehalten zu werden (oder für uncool, was zum Verfassungszeitpunkt dieses Textes das neue »cool« ist). Das tatsächliche Anhören der Musik ist in dem Zusammenhang bei Weitem die unwichtigste aller Tätigkeiten. Es ist einfach zu langweilig, repetitiv, zeitintensiv und absolut unnötig. Schlimmer noch: Wenn Sie versuchen, mit einem Deutschen Smalltalk über Musik zu machen, weist Sie das auf der Stelle als die falsche Art von oberflächlichem Banausen aus, und niemand wird mit Ihnen »abhängen« wollen.

Jetzt denken Sie wahrscheinlich: »Na gut, dann schließe ich mich einer Indie-Rockband an oder arbeite als Minimal-House-DJ. Von Musikern sind die Leute schließlich immer beeindruckt, oder?«

Wow, das ist so naiv, Ausländer! Was Sie für die Spitze der Subkultur und den Weg zum Mega-Sein halten, beeindruckt in Berlin niemanden. Denn Sie müssen wissen: In einer Band zu spielen oder als DJ zu arbeiten ist Standard – die Grundvoraussetzung, damit einen die Leute aus Mitte überhaupt

grüßen. Deshalb hat einfach jeder dort eine Verbindung zur Popmusik. Und mit »jeder« meine ich wirklich jede einzelne Person, der Sie begegnen werden. Der marokkanische Besitzer des Lebensmittelgeschäfts an der Ecke? Spielt Gitarre in einer total erfolgreichen, 80er-Jahre-inspirierten Retro-Elektro-Funk-Combo. Die ältere Frau nebenan, die mit einer Krücke geht und Ihnen manchmal Süßigkeiten schenkt? War früher Tourmanagerin irgendeines unbegreiflich berühmten Minimal-Electro DJs, bis sie geistig wegtrat, während sie auf einem Lautsprecher im Berghain tanzte (daher die Krücke). Die drei fetten 12jährigen, die in dem schicken Altbau gegenüber wohnen? Spitzenmäßige Clubpromoter. Sie wissen, was ich meine – Popmusiker oder DJ sein verschafft Ihnen keinen Vorteil gegenüber irgendwem in Berlin. Es ist lediglich Ihre Aufenthaltsberechtigung.

Natürlich ist es sehr schwer, wenn jeder ein Künstler ist, jemanden zu finden, der sich wirklich für Ihr Werk interessiert, ganz zu schweigen davon, es sich anzuhören. Weil echte Künstler Ihnen gern immer und immer wieder erklären, dass sie »Schöpfer und keine Konsumenten« sind, ist schlicht und einfach keiner übrig, der ein echtes Publikum bilden könnte.

Doch geben Sie nicht so schnell auf. Popmusik zu hören oder zu schaffen nützt zwar nichts mehr, aber es gibt noch etwas, das Sie augenblicklich an die Spitze der Hierarchie der interessanten Menschen katapultieren kann: Popmusikjournalist zu sein.

Man kann sagen, dass »Popmusikjournalist« in Deutschland der beste Beruf von allen ist, und es ist ein sehr empfehlenswerter Karriereschritt für jeden, der Deutsche beeindrucken will. Zunächst einmal sind die Anforderungen sehr gering. Statt Jahre mit einem Journalistikstudium an der Universität zu verbringen und allen möglichen langweiligen Erwachsenenquatsch zu lernen wie Recherche, Grammatik, Stil und Ethik, ist es zulässig, dass Sie sich einfach selbst zum Popmusikjournalisten erklären, wann immer Sie wollen. Alles, was Sie brauchen, ist ein selbstgefälliger Popmusikgeschmack (Details siehe unten im Tortendiagramm), eine dick umrandete Brille und ein MacBook.

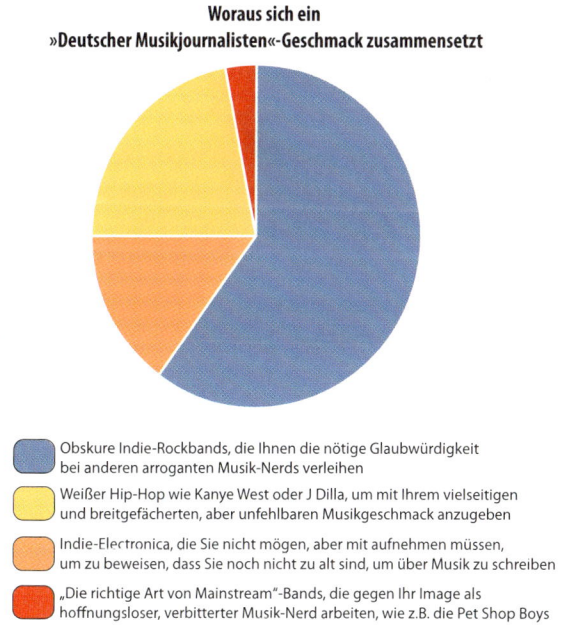

**Woraus sich ein
»Deutscher Musikjournalisten«-Geschmack zusammensetzt**

- Obskure Indie-Rockbands, die Ihnen die nötige Glaubwürdigkeit bei anderen arroganten Musik-Nerds verleihen
- Weißer Hip-Hop wie Kanye West oder J Dilla, um mit Ihrem vielseitigen und breitgefächerten, aber unfehlbaren Musikgeschmack anzugeben
- Indie-Electronica, die Sie nicht mögen, aber mit aufnehmen müssen, um zu beweisen, dass Sie noch nicht zu alt sind, um über Musik zu schreiben
- „Die richtige Art von Mainstream"-Bands, die gegen Ihr Image als hoffnungsloser, verbitterter Musik-Nerd arbeiten, wie z.B. die Pet Shop Boys

Belasten Sie sich nicht mit zu viel Allgemeinwissen über die Welt – als Popmusikjournalist können Sie alles niederschreiben, von dem Sie im Moment das *Gefühl* haben, es sei wichtig. Im Zweifel machen Sie einfach ein Interview mit einer hippen neuen Band und werfen Sie ein paar trendige, unerwartete Fragen über alltägliche Dinge ein. Ihre deutschen Bekannten werden gern eine tiefere Bedeutung in alles hineininterpretieren, was Sie sagen oder tun.

Was das Ganze aber wirklich versüßt, ist, dass Sie nicht bei Musik aufhören müssen. Ja, richtig – als Musikjournalist sind Sie automatisch Experte in jedem Themengebiet von Politik über Wissenschaft, Kultur, Technologie bis Was-immer-Sie-wollen. Deutsche lieben es, wenn ihre Popmusikjournalisten a) echt gekünstelt, überheblich und kopflastig über Popmusik schreiben und ihnen b) alle Nicht-Popmusik-themen mit Popmusikfachausdrücken erklären, auch wenn das bedeutet, dass sie zu sehr vereinfachen und das meiste falsch verstehen. Solches Gefasel wird hoch angesehen und ist inzwischen ein reguläres Merkmal von Deutschlands elitärsten Nachrichtenquellen wie der Frankfurter Allgemeinen Zeitung oder Spiegel Online. Die Deutschen haben sogar einen Namen dafür: Popdiskurs.

Klingt furchtbar theoretisch? Brauchen Sie Beispiele? Bitte schön. Ein paar zulässige Popdiskursthemen, über die Sie sich in Ihrem Blog, Fanzine oder in einem Spiegel-Online-Kommentar auslassen könnten, wären:

»Kanye West und die Many-Minds-Theorie der Quantenphysik«

»Wie zwei androgyne französische Electronica-Künstler im Alleingang den Konflikt zwischen Israel und Palästina beenden können und gleichzeitig die Zeitungsbranche retten«

»Was würde Obama twittern, wenn er ein schwuler Chinese und Fan von Tocotronic wäre?«

»Was Sie über den Kapitalismus lernen können, wenn Sie PJ-Harvey-Songs hören und dabei Tokio-Hotel-Videoclips ohne Ton ansehen«

Um Ihre neue Musikjournalistenkarriere in Gang zu bringen, richten Sie einfach einen Blog ein und fangen Sie an zu tippen. Deutsche sind immer noch ein wenig ratlos im Internet und halten Blogging für den allerneuesten Zeitgeist, deshalb werden sie sich überschlagen, Ihnen alle möglichen Vergünstigungen zuzuschicken, damit Sie ihre hirnverbrannten neuen Bands promoten. Ein Popmusikjournalist zu sein wird Ihnen auch als bequeme Abkürzung für den Quereinstieg in den echten Journalismus dienen, wenn Sie dann wirklich zu alt sind, um sich zwanghaft damit zu beschäftigen, was Justin Timberlakes neues Album wohl über die Frauenfrage in Burkina Faso aussagt.

Wie bitte? Sie finden, eine normalerweise amüsante und angenehme Sache wie Popmusik mit pseudointellektuellem, pubertärem Geschwafel zu überfrachten ist zu nerdig und angstbeherrscht für Sie? Hey, Sie wollten sich schließlich in Deutschland integrieren, also sollten Sie sich besser merken, die unbeschwerten Sachen immer todernst zu nehmen, solange Sie in Deutschland sind.

Private Finanzen

Was Sie so schnell wie möglich in Ihren Kopf bekommen sollten: Alle Elitedeutschen stehen monetär gesprochen sehr gut da. Sie werden vielleicht versucht sein zu antworten: »Das stimmt nicht, ich persönlich kenne viele Deutsche, die anscheinend nie Geld bei sich haben und sich nicht einmal kleine Dinge leisten können.« Aber obwohl das tatsächlich so ist, sollten Sie das nicht als Indikator ihres tatsächlichen Vermögens sehen.

Das Dilemma, in dem Mittelschicht-Deutsche stecken, die danach streben, als »hip« oder »anders« angesehen zu werden, ist, dass sie jeden mit Geld für einen Langweiler und blinden Konsumenten halten. In ihrem unaufhörlichen Streben, außergewöhnlich zu sein, ohne sich zu sehr von ihren Peers zu unterscheiden, haben Deutsche es perfektioniert, ewig pleite zu erscheinen, auch wenn sie sich für eine halbe Million Euro Lofts in Berlin-Mitte kaufen. Wie Sie wahrscheinlich schon festgestellt haben werden, lieben Deutsche Win-Win-Situationen wie diese: Nach außen hin können sie den Anschein eines urbanen Bohemiens aufrechterhalten, der am Rande des Abgrunds lebt, während sie heimlich hart daran arbeiten, sich den »langweiligen« und »spießigen« Lebensstil zu sichern, den sie im Moment gern bespötteln.

Beispiel: Fragen Sie einen Ihrer neuen deutschen Bekannten, ob er sich einen Film mit Ihnen ansehen möchte, und er wird wahrscheinlich sagen: »Hmmm, diesen Monat bin ich ein bisschen knapp bei Kasse, deshalb kann ich überhaupt nicht ausgehen.« Er wird dann von Ihnen erwarten, dass Sie ihm entweder die Karte zahlen oder ihn nach seinem Job fragen. Wenn Sie Letzteres wählen, wird er zu einem rührseligen Wortschwall darüber ansetzen, dass sein aktueller Job eigentlich nicht das Arbeitsfeld ist, das er ursprünglich erobern wollte, und dass er gerade ein Praktikum in Architektur/Kunst/Werbung/Design/Musik beginnt. Wie formelhaft und überspannt die beruflichen Pläne eines Elitedeutschen auch klingen mögen, Sie müssen immer mit Ermunterung reagieren und den Anschein erwecken, Sie seien total verblüfft von der Einzigartigkeit seiner Pläne, zum Beispiel, indem Sie jeden Satz mit »Das ist so cool« kommentieren.

Sie sollten daraus die Lehre ziehen, dass Sie sich nie zu sehr um die finanzielle Situation eines Elitedeutschen sorgen sollten. Selbst im unglücklichsten Fall kann er sich auf eine vollkommen sichere, bourgeoise Zukunft freuen, entweder, weil das Geld der Familie es schon richten wird, oder, weil er automatisch mit 30 einen gutbezahlten Job bekommt, egal wie wenig Ehrgeiz oder Fähigkeiten er bis dahin entwickelt hat.

Denken Sie daran: Erwähnen Sie nie den Widerspruch zwischen dem künstlerischen Image eines Deutschen und all dem Geld, auf dem er sitzt. Wenn Sie es doch erwähnen, wird er vermutlich etwas antworten wie: »Oh, aber das Geld will ich nicht verbrauchen, das ist für meine Zukunft. Übrigens, kann ich mir fürs Wochenende dein Auto leihen?« Die mittelfristige Reaktion auf Ihre neugierige Mainstream-Frage wird sein, dass er auf der Stelle eine emotionale Barriere zwischen sich und Ihnen hochziehen wird, deren Existenz er niemals zugeben wird, die aber Ihre Chancen, je das Vertrauen dieser Person wiederzugewinnen, auf null senken kann.

Um auf der sicheren Seite zu bleiben, ist es empfehlenswert, als Erstes das ungefähre Reinvermögen Ihres deutschen Bekannten grob zu überschlagen, was mit folgender einfacher Formel machbar ist:

Die Anzahl der Tage, die er nicht duscht, multipliziert mit den Stücken an Secondhand-Klamotten, die er besitzt, multipliziert mit 10 000 Euro ist das ungefähre Vermögen dieses Bekannten. Wenn es eine junge Frau ist, die ein Buch in zotiger Sprache geschrieben hat, addieren Sie noch einmal 250 000 Euro zu dieser Summe.

Eines noch: Wenn Sie je einen Deutschen kennenlernen, der bereitwillig zugibt, wie viel Geld er hat oder wie hoch sein Gehalt ist, sollten Sie auf der Stelle den Kontakt abbrechen, denn so ein Mensch ist entweder arm und wird Sie früher oder später um Geld anbetteln oder er ist reich, aber »die falsche Art von reich«.

Projekte

Haben Sie es auch? Dieses nagende Gefühl der Unzulänglichkeit? Immer wenn Sie Ihre dürftigen Karrierepläne mit
denen Ihrer deutschen Bekannten vergleichen? Ganz ruhig,
Ausländer!

Alle Ausländer in Deutschland kennen dieses Gefühl. Und
wer würde es ihnen verübeln? Verglichen mit den unendlich
interessanten unternehmerischen Vorhaben von Elitedeutschen muss jeder andere aussehen wie ein Faulpelz,
der nur einen einzigen Trick draufhat und dazu noch sehr
beschränkten Ehrgeiz.

Diese Erfahrung haben Sie nicht gemacht, sagen Sie? Sind
Sie einer dieser Menschen mit null Vorstellungskraft, der
sich ständig wundert, warum all diese gesunden und scheinbar intelligenten erwachsenen Deutschen immer so zufrieden damit sind, bis weit über 40 schlecht bezahlte Praktika
zu machen, während sie den größten Teil ihrer Energie darin
investieren, in coolen Kneipen und Cafés abzuhängen? Ist es
nicht schade um all die verschwendete Zeit?

Halt, Ausländer! Sie denken das Ganze schon wieder nicht
zu Ende. In Wahrheit sind Sie es, der das Mitleid verdient.
Ihr anfängliches Gefühl der Unzulänglichkeit hat genau genommen den Nagel auf den Kopf getroffen. Mit Ihrem lang-

weiligen »9 to 5«-Job in einem multinationalen Konzern, Ihren kleingeistigen Karriereplänen, bezahlten Urlauben und der anständigen Rente sind Sie für Ihre deutschen Bekannten eine große Quelle der Sorge und verursachen ihnen seelischen Schmerz.

Das liegt daran, dass jeder mit einem normalen Job nichts weniger als Sklavenarbeit tut und nur in so eine Position aufsteigen konnte, weil er seine Seele an den Teufel verkauft hat. Und jeder dieser Menschen wird ausnahmslos eher früher als später durch die unerträgliche Stumpfsinnigkeit, jeden Tag seines Lebens dieselbe nichtkreative Arbeit zu tun, statt seine Tage mit Herumhängen in Szenekneipen zu verbringen, um über seine Zukunftspläne zu sprechen, furchtbar viel Geld mit einem Beruf zu verdienen, der entweder mit Musik, Filmen oder Bloggen zu tun hat, in die Vollidiotie getrieben.

Der riesige, alles verändernde Unterschied zwischen Ihnen (der antiquierten, etablierten Konzerndrohne) und Ihren elitedeutschen Freunden sind Projekte.

Ja, Projekte. Sie sind wie Bärte, Schals oder koksende Freunde: Jeder hat mindestens eines davon. Fragen Sie einfach den weltgewandten, 35-jährigen Punkrock-T-Shirts tragenden Praktikanten in Ihrer Firma, und er wird Ihnen gern erzählen, dass dieses Praktikum eigentlich nicht das ist, was er wirklich will, sondern dass er gerade dabei ist, die Mittel zusammenzukratzen, um zum Beispiel ein eigenes Grafikdesignbüro zu eröffnen. Machen Sie sich keine Sorgen, wenn diese Geschäftsideen größtenteils ein wenig unausgegoren

und offen gesagt nicht besonders vielversprechend klingen. Darauf kommt es so was von nicht an!

Deutsche lieben es, ihre beruflichen Pläne mit einer Art geheimnisvoller Aura zu umgeben, die sie wie einen energie-geladenen Macher aussehen lässt, der »immer in Bewegung« ist und bei dem Sie sich glücklich schätzen können, dass Sie ihn schon in diesem frühen Stadium seines Lebens kennen-gelernt haben. Natürlich mögen Ihnen als Nichteingeweih-tem der kreativen Klasse 35-jährige Praktikanten, die wenig Ehrgeiz, Fleiß oder Klugheit dabei zeigen, was sie eigentlich tun sollten, während sie von ihren zukünftigen Karrieren als Indie-Filmregisseure tagträumen, schlicht gleichbedeutend mit Verlierertum erscheinen.

Aber das kommt Ihnen nur so vor, Sie Höhlenmensch! Sie sollten besser mit dem Strom schwimmen, dies ist das Berlin des 21. Jahrhunderts, die Hauptstadt der Kreativen, die hart daran arbeiten, oder genauer: nicht arbeiten, das Blatt gegen den Kapitalismus zu wenden und ihn zu etwas vollkommen Neuem zu remixen, zu etwas nie Dagewesenem, Aufregendem, etwas, das die Wahrnehmung der Menschheit von Arbeit ganz neu formt, von der lästigen Pflicht, die man tun muss, um sich seinen Lebensunterhalt zu verdienen, hin zu einem charmanten Smalltalk-Thema, mit dem man auf Facebook gut dastehen kann.

Wie werden Sie von der konturlosen Firmendrohne zum Geschäftsführer Ihres neuen, kreativen Ichs? Es ist leichter als Sie glauben: Sie brauchen ein eigenes Projekt.

Jedes Projekt, das Ihre elitedeutschen Bekannten für cool halten, muss gewissen Ansprüchen genügen. Zunächst einmal muss das Arbeitsfeld interessant für Jugendliche sein. Skateboards verkaufen ist okay, inkontinenten alten Leuten Windeln verkaufen kommt nicht in Frage. Zweitens muss es »kreativ« sein. Das bedeutet, die Hauptaktivität des Projekts muss sein, dass Sie und Ihre Geschäftspartner acht bis zwölf Stunden am Tag auf einen Laptop starren, bevorzugt in einem hippen Café. Elitedeutsche wissen sehr gut, wie wichtig es ist, ihre Arbeit nicht zu viel störenden Einfluss auf ihr gesellschaftliches Leben nehmen zu lassen, deshalb muss alles, was sie tun, in einem hippen Altbaustadtviertel machbar sein, mit einer guten Auswahl an Cafés und Yumcha-Restaurants in der näheren Umgebung.

Neue Technologien sind ebenfalls eine riesige Inspiration für Deutsche. Sie werden Ihre deutschen Bekannten regelmäßig Dinge sagen hören wie: »Ich würde wirklich gerne diesen neuen HD-Camcorder kaufen, den ich gesehen habe, du weißt schon, den mit dem echt minimalistischen und gleichzeitig retromäßigen Design.« Ihr Bekannter wird dann erwarten, dass Sie mit »Oh, cool, wofür brauchst du den denn?« antworten, dann wird er sagen: »Seit ich ein kleines Kind war, habe ich immer gespürt, dass ich einen Film in mir habe, und jetzt mache ich es möglich: Ich werde einen Film über diesen Underground-Künstler drehen, den ich neulich auf dem Klo im Berghain kennengelernt habe. Er ist so intensiv, Mann, du solltest ihn wirklich kennenlernen. Aber ich brauche diese neue HD-Kamera, um meinen Traum wahr werden zu lassen.« Lassen Sie sich an dieser Stelle einen Rat geben: Bringen Sie nie die Seifenblase eines Deutschen zum Platzen, indem Sie sagen: »Du gehst jetzt auf die 40 zu, und ich habe dich nie viel über Filme reden hören, und du hast auch nicht ein Mal die Kamera in deinem Handy oder sonst irgendeine benutzt. Wenn du also wirklich diesen kreativen Drang in dir hättest, ein Filmemacher zu werden, meinst du nicht, dieser Drang hätte sich schon irgendwann vorher auf die eine oder andere Art manifestiert?« Ihr deutscher Bekannter würde Ihnen nie verzeihen, dass Sie sein Streben lächerlich gemacht haben, ein Künstler zu werden, oder, was noch wichtiger ist, seinen Wunsch, sich eine neue technische Spielerei zu kaufen, die endlich die technische Spielerei sein wird, die er braucht, um sein jahrzehntelanges Hinauszögern zu beenden und sein angebliches kreatives Potenzial auszuleben.

Eine weitere Voraussetzung für das Projekt ist, dass Sie von den Leuten in Ihrem Umfeld kostenlose Hilfe und Rat bekommen können. Ihr Vater kann gut mit Steuerformularen umgehen? Toll, er wird der Leiter der Finanzabteilung. Ihre Freundin dilettiert ein bisschen im Grafikdesign herum? Sie wird die Corporate Identity basteln. Erinnern Sie sich an den nerdartigen Typen, der Ihnen ständig auf die Nerven geht, wenn Sie in der Bar auflegen? Er wird Ihnen für fünf Minuten ehrlicher Aufmerksamkeit und ein Mixtape von seltenen Detroit-Technoplatten gern Ihre IT machen. Es ist wichtig, dass Sie Ihr Budget knapp halten und weise investieren. Zum Beispiel in ein Luxuswochenende in Paris, »um den Kopf freizubekommen für die harte Arbeit, die ansteht«. Ihre Freunde einzustellen ist ein cleverer Schachzug, weil sie als Multiplikatoren für Mundpropaganda fungieren werden. Nicht um Kunden zu akquirieren, wohlgemerkt, sondern damit mehr Leute von Ihrem Projekt hören und sagen: »Dieser Kerl hat's wirklich drauf!«

Wenn Sie über die Projekte Ihrer deutschen Bekannten reden, müssen Sie grundsätzlich die größtmögliche Sorgfalt und Vorsicht walten lassen und Ihre Fragen nie auf herausfordernde Art formulieren. In den meisten Fällen wird Ihr deutscher Bekannter in eine komplizierte Situation geraten sein, wie zum Beispiel keinen Kredit von der Bank zu bekommen, keine Altbauwohnung zu finden, die billig genug ist, um darin sein Geschäft zu eröffnen, oder er macht mit seiner Freundin gerade eine schwierige Phase durch. Wenn Sie merken, dass Ihr deutscher Bekannter das Gespräch rasch beenden will, zum Beispiel indem er sagt: »Tja, mein Geschäftspartner hat mich im Stich gelassen und ich werde das Ganze noch einmal neu überdenken müssen«, ist das Ihr Hinweis, nicht auf mehr Informationen zu drängen, und Sie können sicher davon ausgehen, dass aus diesem Projekt nie etwas werden wird.

Der Grund, warum seine Projekte gegen die Wand fahren, ist immer etwas, was Ihr deutscher Bekannter trotz seiner exzellenten unternehmerischen Qualitäten nicht vorhersehen konnte. Meistens konnte er keine kostenlose Unterstützung von jemandem bekommen, und um das zu kompensieren, müsste er selbst echte Mühe investieren und viele Stunden Arbeit hineinstecken. Das ist natürlich inakzeptabel, denn es ist selbstverständlich, dass der Geschäftsführer sich nie selbst mit den lästigen kleinen Details befassen, sondern seinen Verstand auf »das große Ganze« richten sollte.

Wenn Sie Ihren deutschen Bekannten später irgendwann nach dem Projektstand fragen, wird er Ihnen höchstwahrscheinlich antworten: »Oh, das? Mann, du hast echt ein gutes Gedächtnis! Ach, weißt du, wenn du es unbedingt wissen willst, ich bin inzwischen irgendwie an etwas viel Interessanterem dran, weil ich sowieso nie vorhatte, dieses Projekt zu beenden. Das war nur ein Experiment, um zu sehen, in welche Richtung ich gehen will. Übrigens, hast du zufällig einen Job für mich? Ich bin total pleite und muss etwas für mein hoffnungslos überzogenes Bankkonto tun.«

Rechenschaftspflichten

Wenn Sie mehr und mehr Zeit mit Ihren neuen deutschen Bekannten verbringen, werden Sie oft erleben, dass diese anfangen, sich zu widersprechen. Während sie pausenlos predigen, wie viel besser es sei, das Fahrrad statt des Autos zu benutzen (es sei denn natürlich, es regnet, ist dunkel, ihr Ziel liegt unpraktisch weit weg oder ihr Fahrrad wurde mal wieder gestohlen), gegen sämtliche Kriege protestieren (solche, die nicht von ihrer eigenen Regierung begonnen wurden) oder die Notwendigkeit beschwören, sich gesund zu ernähren (sie aber gleichzeitig ihre Lebensmittel von einem Discounter beziehen oder fieberhaft Döner in sich hineinstopfen, damit sie schneller in ihr provisorisches Studio kommen, wo sie unwahrscheinlich geniale Electronic Dance Music komponieren), sind sie sich stets schmerzlich der Tatsache bewusst, dass ihre kleinen Vorträge unter Umständen ein bisschen einstudiert, verworren und kleingeistig rüberkommen könnten.

Um dem entgegenzuwirken, nutzen sie eine taktische Herangehensweise, die, wie Ironie, ebenfalls alle Anzeichen von Genialität trägt: kaltschnäuzigen Selbstwiderspruch. So können sie alles sagen und tun, was ihnen einfällt, und Ihnen zehn Minuten später selbstgefällig und todernst einen Vortrag über das genaue Gegenteil halten.

Der einzigartig deutsche Aspekt kaltschnäuzigen Selbst-
widerspruchs ist der völlige Mangel an Rechenschafts-
pflichtgefühl des Widersprechers. Es wird bei allen, aber
vor allem bei Ausländern, als Verstoß gegen die Etikette
angesehen, wenn man eine andere Person auch nur für
die winzigste Widersprüchlichkeit zur Rede stellt oder es
auch nur erwähnt. Das ist fast so schlimm, wie bei einem
internationalen Konzern angestellt oder leidenschaftslos
gegenüber verwirrten dunkelhaarigen Mädchen zu sein.
Versuchen Sie es einmal selbst und sprechen Sie einen Ihrer
deutschen Bekannten auf sein widersprüchliches Verhalten an. Sein Gesichtsausdruck wird plötzlich sehr ernst
werden, und er wird einen passiv-aggressiven Wortschwall
loslassen, in dem vergeblichen Versuch, den Widerspruch
rückwirkend wegzudiskutieren. Wenn Sie ihn noch ein
bisschen mehr in die Enge treiben, wird er eilig seine Tak-
tik wechseln, um die Oberhand zu behalten, indem er den
Widerspruch trivialisiert, um Sie wie einen hochnäsigen
Dummkopf dastehen zu lassen. Dann wird er mit einem
gezwungenen Lächeln sagen: »Mach dich mal locker!« Wenn
Sie diesen Satz hören, empfehle ich Ihnen, schnell das
Thema auf etwas zu lenken, was Ihren deutschen Freund
aufheitert, wie Witze aus der gestrigen Folge von »TV Total« oder das neueste Gerücht über einen Promifotografen
oder Techno-DJ, der angeblich nach Berlin ziehen will. Aber
selbst dann wird Ihr Bekannter Ihnen vermutlich lebenslang
grollen und sich sehr unbehaglich in Ihrer Gegenwart fühlen.

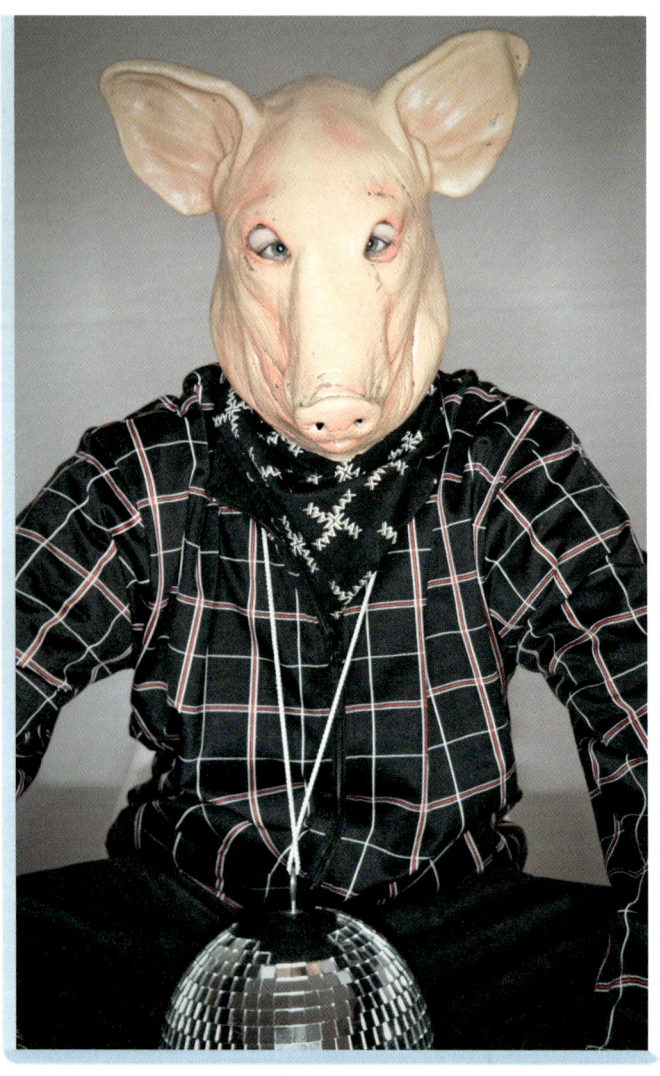

Wie bitte? Sie möchten auch nicht verantwortlich sein für Ihren Selbstwiderspruch? Leider ist dieser Charakterzug nur bei »eingeborenen« Deutschen akzeptabel. So sehr sie es hassen, wenn man sie als Heuchler ertappt, so sehr lieben sie es, andere Leute dafür zur Rede zu stellen. Es könnte sich als nützlich erweisen, wenn Sie sich selbst mit einem Arsenal an originellen Antworten ausstatten, die Ihre deutschen Bekannten von Ihrem widersprüchlichen Verhalten ablenken. Sie werden das, was Sie über Ihre deutschen Freunde bisher gelernt haben, clever einsetzen müssen. Hier ein paar Beispiele:

Deutscher Bekannter: »Häh? Warum isst du Döner? Sagtest du nicht, du isst nur Bio?«

Sie: »Das tue ich auch, aber um der türkischen Community zu zeigen, dass ich einer von ›den Guten‹ bin, hole ich mir manchmal einen Döner, obwohl ich seit drei Jahren vegan lebe.«

Deutscher Bekannter: »Was? Du bist geflogen? Hast du dich nicht verpflichtet, immer mit dem Zug zu fahren, um die Umwelt zu schonen, nachdem wir dir einen Vortrag darüber gehalten hatten, wie es in Deutschland läuft?«

Sie: »Sorry, aber fliegen war die einzige Möglichkeit, wie ich rechtzeitig zur Eröffnungsparty von diesem neuen Club kommen konnte, wo ich als DJ gebucht war.«

Deutscher Bekannter: »Du hast immer noch kein Fahrrad? Sagtest du nicht, du willst dein Auto unserer WG-Kommune spenden?«

Sie: »Wow, sieh dir diese schwarzen Wolken an! Es fängt jeden Augenblick an zu regnen. Hey, komm, ich nehm dich mit. Wir können dein Fahrrad in den Kofferraum packen und bei deinem Lieblings-Bioladen vorbeifahren und uns mit Bioprodukten und *Bionade* eindecken.«

194 Tun Sie Ihren deutschen Bekannten einen Gefallen und werfen Sie ein paar offensichtliche Widersprüche ein, die sie leicht identifizieren können. Das wird das Band zwischen Ihnen festigen. Es wird Sie freuen zu hören, dass das auch in Liebesbeziehungen mit Deutschen funktioniert. In Beziehungen fürchten sie nichts mehr als Monotonie und fehlende Spontaneität. Widersprechen Sie sich ab und an selbst, das kann ganz nützlich sein, um einen spätnächtlichen lautstarken Streit auszulösen und »die Flamme am Lodern zu halten«.

Supermärkte

Wenn Sie in einem fremden Land angekommen sind, ist eines der interessantesten Dinge, die Sie tun können, Essen in einem einheimischen Supermarkt zu kaufen. Macht es nicht Spaß, mehr über fremde Länder und ihre Einwohner zu erfahren, indem man schaut, welche Nahrungsmittel sie am liebsten haben und wie die Produkte präsentiert werden? Supermarktketten auf der ganzen Welt liefern sich einen harten Wettstreit, um ihren Kunden ein besseres Einkaufserlebnis zu bescheren. Heute können sogar die Briten ihre Lebensmittel in supermodernen Supermärkten kaufen, die aussehen wie Modeboutiquen. Aahhh, die Wohltaten der freien Marktwirtschaft!

Halt, Ausländer! Nicht so schnell! Wenn Sie sich in Deutschland integrieren wollen, werden Sie komplett neu überdenken müssen, was Sie bisher am Einkaufen mochten. Das deutsche Problem besteht darin, sich beim Lebensmitteleinkauf seine Selbstachtung zu erhalten. Die eigentliche kaufmännische Herausforderung ist nämlich, einer Nation von Menschen Essen zu verkaufen, die eigentlich nur wenig mehr hassen als Essen. Dennoch haben deutsche Supermarktbesitzer, clever wie sie sind, einen Weg gefunden, ihre Landsleute in ihre Geschäfte zu locken. Streichen Sie einfach

»Geschäfte« und machen Sie »behelfsmäßige Nahrungsmitteldepots« daraus.

Wenn Sie auf deutsche Art Lebensmittel einkaufen wollen, werden Sie kaum an einem Discounter vorbeikommen. Wenn Sie nie in einem von beiden waren, müssen Sie Folgendes wissen: Sie wirken nicht selten wie eine Kreuzung aus hektisch hochgezogenen, UN-geförderten Katastrophen-Nahrungsmittellagern und einer Mülldeponie. Mitunter besteht ihre Inneneinrichtung hauptsächlich aus alten, schmutzigen Metallregalen, eingebrochenen Paletten mit in Kartons verpacktem Essen und riesigen Sonderangebotsbehältern, die aussehen, als wären die »Güter« von einem Helikopter aus in sie abgeworfen worden. Die Szene wird von flackernden Leuchtstoffröhren beleuchtet, die ihr die Atmosphäre eines grausamen Tierversuchslabors verleihen. Die Mitarbeiter sind nicht für den Service am Kunden da, sondern lediglich, um an einer Kasse zu sitzen, die aus irgendeinem Grund nicht geöffnet ist, Regale nachzufüllen oder herumzuwandern und Beschimpfungen zu murmeln wie ein unheimlicher Kerl in der U-Bahn. Zusammenfassend kann man sagen, es ist so trostlos und deprimierend, dass sogar die Zombies aus »28 Days Later« zu elegant wären, um dort einzukaufen. Wie schlimm steht es um Supermärkte in Deutschland? Es ist so schlimm, dass selbst Wal-Mart an Geschmacksarmut übertroffen wurde und sich mit angewidertem Gesicht vom deutschen Markt zurückgezogen hat.

Aber Sie gewöhnen sich besser schnell daran, Ausländer, denn beim Lebensmitteleinkauf geht es nicht um Spaß und

Entspannung, sondern darum, eine mühsame Aufgabe hinter sich zu bringen und so wenig Geld wie möglich dabei auszugeben. Wenn Sie sich einem Discounter vom Parkplatz her nähern, werden Sie sofort die vielen deutschen Luxusautos bemerken. Aufgrund des interessanten Phänomens, dass Deutsche alles für ein billiges Angebot tun würden, ist es inzwischen selbst unter reichen Deutschen weit verbreitet, bei Discountern einzukaufen. Ein alltäglicher Anblick in Deutschland: eine blondgefärbte Frau um die 50 im Pelzmantel, die kartonweise Discounter-Sekt in den Kofferraum ihres champagnerfarbenen AMG-Mercedes lädt. Ein berühmtes deutsches Sprichwort sagt: »Wer sein Essen bei einem Discounter kauft, kann sich ein hübsches neues Auto leisten« – und die meisten Deutschen entscheiden sich dafür, diesen Traum zu leben.

Wenn Sie einen Elitedeutschen nach dem Grund fragen, warum er das Discounter-Einkaufserlebnis mag, wird er Ihnen mit einem überraschten Blick antworten: »Ähm, hallo, weil sie exakt dieselben Produkte haben wie andere Supermärkte, nur in anderer Verpackung« und so weiter. Alle Deutschen sind immer bestrebt, andere zu übertreffen, was Schnäppchen angeht, deshalb kaufen sie fröhlich tonnenweise, was in der jeweiligen Woche gerade im Angebot ist, ob sie es brauchen oder nicht. Dann fahren sie mit 180 km/h über die Autobahn zurück in ihr Haus auf dem Land. Dabei verbrennen sie drei Mal so viel Geld an Benzin, wie sie vorher eingespart haben. Wieder zu Hause verlieren sie keine Zeit, einen Schwung SMS zu 25 Cent das Stück auf ihren »Handys« zu tippen und vor ihren Freunden damit anzugeben, was für tolle Schnäppchen sie eben bei ihrem Discounter gemacht haben.

Interessanterweise werden Discounter nicht nur von der »falschen Art von Deutschen« geliebt, sondern auch von der Elite, die normalerweise nur in Bioläden einkauft. Da aber Bio-Lebensmittel und kistenweise Club Mate tendenziell das Budget eines kurz vor dem Durchbruch stehenden freiberuflichen Designers, eines Produzenten von elektronischer Musik oder einer Omakleid-Modeschöpferin erheblich belasten, ist es schlicht nicht möglich, all das Zeug, das sie brauchen, in einem teuren Naturkostladen zu kaufen. Da erweist sich ein Discounter als nützlich. Im Grunde ist heutzutage der Discounter der einzige Ort, an dem Elitedeutsche ein leises Gefühl der Einheit mit ihren Nicht-Elite-Mitbürgern empfinden.

Was können Sie also für sich daraus schließen? Um Ihr Leben in Deutschland weniger einsam zu machen und sich den Respekt Ihrer deutschen Bekannten zu verdienen, sollten Sie versuchen, ebenfalls den Discounter-Lifestyle zu leben. Wenn die Aussicht auf einen neuen champagnerfarbenen AMG-Mercedes Sie nicht vollends überzeugt und Sie manchmal den Drang verspüren, Ihre Einkäufe in einem der wenigen hübschen Geschäfte in Deutschland zu machen, empfiehlt es sich, vorbereitet zu sein: Nehmen Sie immer ein paar leere Tüten vom letzten Discounter-Besuch mit. Sorgen Sie dafür, dass niemand Sie hineingehen oder herauskommen sieht. Machen Sie auf dem Rückweg einen Umweg und

gehen Sie durch Straßen, in denen es am unwahrscheinlichs-
ten ist, dass Sie jemanden treffen, den Sie kennen. Natürlich
besteht dennoch die Gefahr, dass Sie zufällig einem Ihrer
deutschen Bekannten begegnen. Wenn er Sie mit einer Tüte
von einem »Schickimicki«-Supermarkt sieht, wird das seine
Wahrnehmung von Ihnen verschieben – von »verrückter,
aber netter Ausländer« hin zu »snobistischer Imperialist,
der echt nicht mit Geld umgehen kann«. Deshalb packen
Sie die Sachen, die Sie gerade in dem schönen Supermarkt
gekauft haben, in die Discounter-Tüten, die Sie mitgebracht
haben. Als zusätzliche Sicherheitsmaßnahme bringen Sie
auch noch ein paar bekannte Discounter-Produkte mit,
auf denen noch die Preisschilder kleben, und legen Sie sie
auf die dekadenten Lebensmittel oben drauf. Ihr deutscher
Bekannter wird wahrscheinlich in Ihre Tüten schauen, um
zu sehen, was Sie mögen und wie viel Sie für unnötige Dinge
ausgeben. Wenn die Lage kritisch wird und Sie kurz vor der
Aufdeckung stehen, reichen Sie Ihrem deutschen Bekannten
ein Glas echt billiger Discounter-Mayonnaise und sagen Sie:
»Die schmeckt genauso gut wie die teure, aber zum halben
Preis!«

Wenn Sie es vermasselt haben und dabei erwischt werden, wie Sie in einem »Schickimicki«-Supermarkt einkaufen,
ist der einzige Weg, Ihren Status zu retten, zu sagen: »Mann,
ich bin so fertig von dem fünftägigen Partymarathon, von
dem ich gerade komme, und dann wurde auch noch mein
Fahrrad geklaut, deshalb habe ich es echt nicht den ganzen
Weg zu Fuß zu meinem Discounter geschafft. Aber ich

habe nur ein paar Sachen gekauft und mache meine übliche Discounter-Runde, sobald ich wieder auf der Höhe bin.« Es ist zwar nur ein verzweifelter Versuch, Mitleid bei Ihrem deutschen Bekannten zu wecken (das gestohlene Fahrrad), aber vielleicht ist er dann eher geneigt, Ihnen Ihr schweres Fehlverhalten zu verzeihen.

Szenekneipen

Ein großer Teil des Nachtlebens jedes ehrgeizigen Berliners muss in schäbigen Lokalitäten verbracht werden, die abgewrackt, schmutzig und übelriechend sind. Wirklich hip zu sein bedeutet, dass Sie jederzeit Ihr selbstgefälliges Missfallen an allem, was »glamourös« ist, auf der Zunge tragen müssen. Sorgen Sie dafür, dass Sie nur an Orten gesehen werden, die Ihre Individualität, Authentizität und Entschlossenheit reflektieren, genau das Gegenteil dessen zu tun, was der gesunde Menschenverstand Ihnen gebietet. Man kann zwar über Berlin sagen, dass es, anders als London, Paris oder New York, keine piekfeine Seite hat, wie schicke, schnittig designte Bars, die Hedgefonds-Managern mit teigigen Gesichtern und ihren Trophäen-Freundinnen teure Cocktails servieren, und dass es wirklich kindisch und anmaßend ist, eine »Revolte« gegen etwas zu veranstalten, das in Ihrer Stadt nicht einmal existiert. Wie Sie aber inzwischen herausgefunden haben werden, lassen sich Elitedeutsche von der Realität nicht aufhalten, wenn sie gegen etwas hetzen, hinter dem sie den »übermächtigen Mainstream« vermuten.

Zum Glück hat eine frühere Generation von Elitedeutschen irgendwann einmal die Szenekneipen entdeckt. Das sind im Grunde billige, heruntergekommene Kneipen, die

die Arbeiterklasse-Trinker der Nachbarschaft bedienen. Sie haben schon bessere Tage gesehen, bevor der Alkoholismus ihrer Besitzer und die Tatsache, dass es bequem ist, überteuertes Bier an Stadtverpflanzte aus Williamsburg oder Tuttlingen zu verkaufen, jeglichen Ehrgeiz, die Kneipe mal zu renovieren und den Dingen eine neue Richtung zu geben, zerstörten. Tatsächlich haben die Besitzer dieser Szenekneipen herausgefunden: Je weiter ihre Kneipe herunterkommt, desto mehr Kultstatus gewinnt sie bei der hippen Masse. Man sagt auch, dass man eine beliebte Szenekneipe am schwachen Geruch nach Urin erkennt. Das ist auch der Grund, warum in den beliebteren Szenekneipen die sanitären Anlagen jahrein, jahraus halb kaputt sein müssen: Das trägt zur Atmosphäre bei.

Jeder eiserne, erfahrene Berliner scheut keine Mühe, Berlins großartiges, ungezügeltes Nachtleben jedem anzupreisen, der ihm zuhört. Wenn Sie die scheinbar vernünftige, in Wahrheit aber lächerlich naive Frage stellen, was genau so großartig und ungezügelt daran ist, werden Sie einen enttäuschten Gesichtsausdruck ernten, gefolgt von einer arroganten, aber typischen Erklärung nach dem Motto: »Okaaay, ich werde es dir erklären: Berlins Nachtleben ist großartig, weil es hier immer noch ein paar authentische Szenekneipen gibt, die noch nicht von den Hipstern schickisiert wurden.« Wenn Sie einen Elitedeutschen über Schickisierung und Hipster reden hören, dürfen Sie seine Einschätzung nie in Frage stellen, zum Beispiel, indem Sie fragen, was die 50-jährigen arbeitslosen Trinker aus der Nachbarschaft, die seit

Jahren in diese Kneipe gehen, um billiges Bier zu trinken, wohl von Ihrem deutschen Freund und seiner Bande von in Baden-Württemberg aufgewachsenen, enge Jeans tragenden urbanen Pionieren halten würden, die in ihre Kneipe einfallen und sie zu einer neuen Bühne für ihren jugendlichen Hedonismus machen.

Szenekneipen verkörpern viele der Eigenschaften, die Elitedeutsche so sehr an sich selbst lieben. Erstens: Sie sind immer noch relativ billig. Eines Tages, in einem phänomenalen, allumfassenden Akt der Rationalisierung ihres Lebensstils, haben die Elitedeutschen erklärt, billig sei das neue »sexy«. Vor allem Berlinern erlaubt dieser Kniff, sich mit ihrer trostlosen und eindeutig enttäuschenden Stadt zu arrangieren und verschafft ihnen ein bequemes neues Argument, um Berlins mangelnde Vielfältigkeit als Vorteil zu verkaufen. Was Sie zunächst verwirren wird, ist der umgekehrt proportionale Zusammenhang zwischen der Vorliebe Ihrer elitedeutschen Bekannten für billige Dinge wie Secondhandklamotten, heruntergekommene Szenekneipen und die anderen üblichen Devotionalien eines nonkonformistischen Lebens und dem Eigenkapital ihrer Familie: Je wohlhabender ein Elitedeutscher ist, desto mehr leidet er an der Mittelklasseschuld, ständig beweisen zu müssen, dass er total anders ist als seine Eltern. Es ist überhaupt kein Problem für einen Deutschen, eine halbe Million Euro aus dem Familienvermögen für ein Luxusapartment in einem hippen Stadtviertel auszugeben, sich die Mitte-Uniform aus ironischen Secondhandklamotten anzuziehen und den Deal später mit Koksen in einer heruntergekommenen Szenekneipe zu feiern, die von anderen »armen, aber sexy« Millionären frequentiert wird, oft verkörpert von Pete Doherty.

Zweitens: Szenekneipen sind schmutzig und übelriechend. Erst kürzlich haben Elitedeutsche entdeckt, oder besser wiederentdeckt, dass es möglich ist, ihre Interessantheit und ihr Anderssein zu verstärken, indem sie eine sehr entspannte Haltung gegenüber Körperhygiene an den Tag legen. Kultivieren Sie einfach einen leichten Geruch nach Urin, weggelassenem Duschen, Alkohol und Rauch, und Sie werden automatisch zu einem Mitglied der coolen Masse, was bedeutet, dass Sie es diesen schrecklich normalen Menschen, die Sie in öffentlichen Verkehrsmitteln, Supermärkten oder in der Firma, in der Sie im Moment Ihr unbezahltes Praktikum machen, ertragen müssen, so richtig geben können. Unter Eliteberlinern besteht Einvernehmen darüber, dass jeder einzelne Mensch, vom Kleinkind bis zum Altersschwachen in allen Teilen der Welt, den Berlin-Mitte-Lifestyle kennt und zutiefst beneidet. In ihrer Vorstellung ist jeder, der eine neutrale oder nur leicht positive Meinung (im Unterschied zu einer ausgewachsenen Vergötterung) gegenüber ihrer kleinen Welt hat, ein reaktionärer Idiot und ein hoffnungslos kleingeistiges, unkreatives Mitglied des Pöbels, das heimlich davon träumt, sich ihnen bei ihren superspannenden, absolut beispiellosen Szenebar-Biergelagen und ketaminbetriebenen Clubmarathons anzuschließen.

Um zu beweisen, dass sie noch »lebendig« und »jung« sind, müssen Elitedeutsche regelmäßig und mit Erfolg am

»nonkonformistischen Assessment-Center« teilnehmen, das stattfindet, wann immer ein paar Gleichgesinnte sich in einer Szenekneipe treffen. Unter der strengen Aufsicht ihrer trendigen, aber letzten Endes kalten und mitleidslosen Freunde müssen sie gewisse Fähigkeiten und Verhaltenswei-

sen zeigen, die sie als »einen von den Guten« identifizieren. Welche Fähigkeiten das sind, hängt davon ab, mit wem man sich trifft, aber es gibt ein paar Standards, die Sie kennen und heimlich üben sollten, damit Sie sie 100-prozentig richtig hinbekommen, wenn es darauf ankommt:

■ Alberne Zaubertricks. Jeder hippe und trendige Mensch, der etwas auf sich hält, kennt ein paar einfache Zaubertricks, wie zum Beispiel eine Münze verschwinden lassen, eine Zigarette durchs Ohr rauchen oder ein Körperteil so extrem zu verbiegen, wie es normalerweise nicht machbar ist. Der Sinn von albernen Kunststücken dieser Art ist nicht, sie perfekt auszuführen, sondern jedem zu zeigen, dass man keine Angst hat, sich öffentlich lächerlich zu machen. Es ist wichtig, dass man den Trick auf ironisch übertriebene Weise ausführt, damit klar ist, dass man es nicht ernst meint und das Publikum nicht so tun muss, als sei es ehrlich beeindruckt. Keine Sorge – zwischen den Zeilen versteht sich, dass die Situation kein bisschen ironisch ist. Das Ziel der ganzen Show ist, dass jeder der Anwesenden sich selbst bestätigt, dass er ziemlich toll und besonders ist, weil er Freunde hat, die in einer Szenekneipe Zaubertricks vorführen.

- Ironisches Herumalbern bei Kneipenspielen. Unter Elitedeutschen herrscht Einigkeit, dass es wenig andere Tätigkeiten gibt, die einem so gut das gewünschte Image eines Arbeiterklasse-Intellektuellen verleihen, wie Kneipenspiele zu spielen. Vor allem Darts. Deshalb ist es Pflicht, dass Sie sich einer ironischen Darts-Runde anschließen, wann immer Sie dazu aufgefordert werden. Dabei ist es wichtig, immer den nonchalanten Ehrgeiz zur Schau zu stellen, sich zum Affen zu machen, zum Beispiel, indem Sie beim Werfen ironisch übertreiben oder ein besonders gutes Ergebnis feiern, indem Sie Ihre Zuschauer »versehentlich« mit dem billigen Arbeiterklasse-Bier bespritzen, von dem Sie »ganz vergessen« haben, dass Sie es in der Hand halten (siehe nächster Punkt).

- Mit Bier herumspritzen oder auch: »Spaß haben«. Deutsche sprechen immer von früheren Szenebar-Besuchen als Momenten, in denen sie »Spaß hatten«. Sie mögen denken, dass sie damit nur die allgemeine Atmosphäre des Abends meinen, die Gespräche, die Musik, die Leute, die sie kennengelernt haben, aber in Wahrheit meinen Ihre deutschen Bekannten, wenn sie »Spaß haben« sagen, eine sehr spezifische Tätigkeit, die sie in Szenekneipen ausüben: wilde Bewegungen mit den Armen ausführen, während sie ein Bier in der Hand halten. Jetzt denken Sie wahrscheinlich: »Aber dann schwappt das Bier über und spritzt durch den ganzen Raum.« Genau, Sie Intelligenzbestie, nur darum geht es beim »Spaß haben«. Lassen Sie es mich erklären: Jeder Szenebar-Abend muss einer peinlich genauen Dramaturgie folgen: Er muss relativ zahm anfangen. Dann, wenn die Zeit fortschreitet und Sie und Ihre Freunde zunehmend betrunken sind, müssen entsprechend auch die Häufigkeit und das Ausmaß von coolen Dingen, »die einfach passieren«, exponentiell zunehmen. Gegen Ende des Abends wird der DJ ein paar klassische Punkplatten spielen, die jeder kennt, und die Leute werden total wild und trendig tanzen und dabei so tun, als wären sie so betrunken, dass sie das Bier in ihrer Hand »vergessen« haben, was damit endet, dass das Getränk »versehentlich« im ganzen Raum herumspritzt. Ihre deutschen Bekannten, die in der Nähe stehen, werden dafür sorgen, dass sie »versehentlich« so viel spritzendes Bier wie möglich abbekommen, denn am Ende der

Nacht wird derjenige, der mit dem meisten Bier begossen wurde, allgemein als derjenige anerkannt, der am meisten »Spaß hatte«. Auch wenn Sie kein Bier trinken, wird von Ihnen erwartet, dass Sie eines kaufen und es halten, bis die Musik »wild« und »crazy« wird und Ihre deutschen Bekannten beschließen, dass es jetzt Zeit für alle ist, in ihren »Crazy«-Modus umzustellen.

Wie Sie vermutlich inzwischen herausgefunden haben werden, ist das ewige Thema für Ihren Szenebar-Besuch, cool zu sein, indem Sie uncool sind. Aber Sie müssen dafür sorgen, dass alle »kapieren«, was Sie eigentlich verdeutlichen wollen: dass Sie im Grunde richtig cool sind. Deshalb müssen Sie übertreiben und auf so überspitzte und prätentiöse Art »Spaß haben«, dass auch diejenigen um Sie herum, die etwas langsamer begreifen, Ihr albernes Getue nicht versehentlich für Ihr eigentliches Selbst halten. Es erfordert etwas Übung, um den Grad der Ironie genau richtig hinzubekommen, aber wenn Sie daran denken, sich hauptsächlich so zu verhalten, als wäre es Ihnen egal, ob andere Leute Sie akzeptieren, dann werden die Leute Sie akzeptieren und Sie eine »lebendige« und »crazy« Person nennen, die ihr »junges« Leben maximal genießt.

Tabus

Elitedeutsche sind besonders stolz auf ihre einhellig post-moderne Haltung gegenüber Tabus, nämlich dass die einzig richtige Herangehensweise an ein Tabu der absolute Widerspruch sein muss, wiederholt geäußert durch lautstarke öffentliche Missbilligung.

Für sie ist es eine Tatsache, dass ein Tabu auf keinen Fall und für niemanden etwas Gutes sein kann, womit jeder einzelne Mensch der ganzen Welt gemeint ist. Wenn Sie sich den Deutschen anpassen wollen, sollten Sie Ihr Möglichstes tun, um Ihre Denkmuster, sei es durch neurolinguale Programmierung, Hypnose oder einen scheinbar nie enden wollenden, schmerzhaft langweiligen zweiwöchigen Urlaub auf Rügen, auf die Akzeptanz der Auffassung auszurichten, dass Tabus nur dafür existieren, gebrochen zu werden.

Deutsche sehen sich selbst gerne als gewandte und furchtlose Tabubrecher, die ein Leben am Abgrund leben und sich nie dabei erwischen lassen, mit dem Strom zu schwimmen. Der positive Stress, in jeder Lage frei von Tabus, hip und trendig zu sein, hält sie in Schwung, und man kann sagen, das Streben danach, die am wenigsten tabubeladene Person unter ihren Peers zu sein, ist ihr ultimatives Lebensziel.

Im Grunde sind hippe Deutsche nicht zufrieden, solange sie es nicht schaffen, es komplett durchzuziehen – wie der bärtige, übelriechende Typ mit dem irren Blick und dem riesigen Urinfleck auf der Jogginghose, der Sie neulich beim Discounter um ein paar Münzen gebeten hat.

Deutsche überwachen sich gegenseitig ständig auf Anzeichen von nachlassendem Willen, Tabus zu brechen, die sie ausnahmslos als schnöde Hinwendung zum Mainstream interpretieren. Jeder Wiederholungstäter wird gewaltsam aus dem Kreis der tabubrechenden Elitedeutschen entfernt und muss das Leben eines Ausgestoßenen führen, in ein modernes Gebäude ohne Parkettboden in einem bürgerlichen Stadtteil ziehen, wo er auf ein unerträglich konventionelles, aber wohlverdientes, schmerzliches Leben unter seinesgleichen beschränkt ist und niemals zurückkehren darf, es sei denn zu seltenen Gelegenheiten, bei denen er dann wie eine dreibeinige Laune der Natur auf einem Volksfest im 19. Jahrhundert vorgeführt wird.

Um dieses Schicksal abzuwenden, werden Sie die typisch deutsche Tugend des prätentiösen und wichtigtuerischen Tabubrechens annehmen müssen. Das bedeutet, Sie werden von jetzt an einen Großteil Ihres Tages damit verbringen, nach Dingen Ausschau zu halten, die zu irgendeiner Zeit in der Geschichte oder für eine kleinere Teilmenge der Gesellschaft vielleicht einmal ein Tabu waren. Es ist vollkommen unwichtig, ob die Sache heutzutage das Normalste der Welt oder sogar in den Mainstream übergegangen ist. Die riesige Menge an Tabus, die Sie brauchen werden, um sich Ihr

hippes Image zu erhalten oder einfach (bis 45) ein glaub-
würdiger Jugendlicher zu bleiben, erfordert eine liberale
Haltung darüber, was ein Tabu ausmacht. Das seltsamste
oder auch langweiligste Ding kann als Ihr neues Tabu fungieren, wenn Sie nur der Abmachung folgen und verkünden,
es sei »in unserer pathologisch verklemmten Gesellschaft«
immer noch ein Tabu, um es dann für Ihren persönlichen
sozialen Aufstieg zu brechen. Wunderbarerweise können
sogar Tabus, die schon vor langer Zeit entschärft oder sogar
komplett vergessen wurden, von ausreichend hippen Deutschen wiederaufbereitet werden.

Sich ein Tattoo machen zu lassen, Drogen zu nehmen,
sich einen ironischen Schnauzbart wachsen zu lassen oder
einen schlechten Körpergeruch zu entwickeln, weil man
sich nicht den paternalistischen Regeln der Körperhygiene
beugen will, sind zum Beispiel immer noch vollkommen zulässige Tabus in Deutschland. Elitedeutsche, die sie brechen,
erwarten tatsächlich, dass Sie sie für ihr hippes, furchtloses,
fortschrittlich denkendes und insgesamt interessantes Benehmen lieben – fast so sehr wie sie selbst es tun.

Es ist sehr wichtig, wie Sie über die Tabus sprechen,
die Ihre deutschen Bekannten prätentiös als ihre Persön-
lichkeitsverstärker gewählt haben. Das ist ein sehr heikles
Problem, denn in Deutschland sind Tabus von trügerischer
Beschaffenheit. Ihre deutschen Bekannten können ihre
Interessantheit nur so lange durch Tabubrechen gewinnen,
wie es implizit ist und nie darüber gesprochen wird. Wenn
einer Ihrer Bekannten auf sein prätentiöses Verhalten

211

angesprochen wird, wenn Sie zum Beispiel sagen: »Oh, du hast dir einen Stift auf den Zeigefinger tätowieren lassen«, wird er augenblicklich jeden Vorsatz bestreiten und Ihnen die Lüge auftischen, dass es keine große Sache für ihn sei, während er Sie heimlich dafür hasst, das Tabu entschärft zu haben. Sie werden bemerken, dass er ziemlich schnell und passiv-aggressiv versuchen wird, die Lage zu wenden, zum Beispiel, indem er Sie fragt, ob Sie ein wildes Wochenende hatten oder wann das letzte Mal war, dass Sie Sex mit einem Fremden hatten.

Das lässt interessante Rückschlüsse für die soziale Interaktion mit Elitedeutschen zu. Sie werden einen Deutschen oft Dinge sagen hören wie: »Hast du schon Zoe Geigys neues Buch gelesen? Wow! Sie scheut sich wirklich nicht, diese ganzen Tabus zu brechen. Ich bewundere sie für ihre Furchtlosigkeit, anders zu denken.«

Falls Sie das Buch tatsächlich gelesen haben, ist es höchst unwahrscheinlich, dass Sie irgendwelche Tabubrüche bemerkt haben, entweder weil die vermeintlichen Tabus, die angeblich gebrochen wurden, Ihrer Meinung nach furchtbar weit hergeholt, erzwungen und künstlich wirken oder so ungeschickt und schwatzhaft formuliert wurden, dass jeder Nicht-Deutsche die kaum kaschierte Masche leicht durchschauen kann: den eigenen Promistatus zu missbrauchen, um eigennützige Tabu-Surrogate zu erfinden, die man dann aus keinem anderen Grund bricht, als dadurch für seine einfältigen Anhänger echt hip und anders auszusehen; was bequemerweise als Ersatz für echte Schreibfähigkeiten oder eine echte Geschichte, die es wert ist, niedergeschrieben zu werden, herhalten kann.

Dementsprechend werden Sie vielleicht versucht sein zu antworten: »Was für Tabus?«

»Was meinst du mit ›was für Tabus‹, hast du es gelesen oder nicht?«

»Wenn du das vermeintliche Tabu meinst, dass ein paar Mal das Duschen wegzulassen dich zu einem besseren Menschen macht: Ist das nicht ein bisschen überholt und gekünstelt? Ich meine, du hast doch von der Hippiebewegung gehört, oder nicht?«

»Ähm, Mann, du solltest dich wirklich irgendwie ein bisschen entspannen, du kommst heute echt aggressiv und verklemmt rüber …«

»Ach, was soll's. Sollen wir was trinken gehen?«

»Okay, jetzt reicht's, du arroganter Schwarzmaler! Wir reden später weiter, wenn du weniger aggressiv bist. Ich glaube, du kapierst einfach nicht, wie cool und hip Zoe ist. Hast du je LSD genommen? Ich glaube nämlich, das solltest du mal. Ich gehe lieber allein zu American Apparel und suche nach einem neuen Schal. Also tschüß.«

Das macht ziemlich deutlich, dass Sie es vermeiden sollten, die Stichhaltigkeit und Bedeutung eines Tabus zu hinterfragen, die einer Ihrer deutschen Bekannten für Sie ermittelt hat. Sonst sehen Sie aus wie der verklemmteste Mensch weit und breit. Lassen Sie es mich deutlich sagen: Wenn Sie einmal als verklemmt abgestempelt sind, wird Ihr gesellschaftliches Leben vor die Hunde gehen und die Leute werden die offizielle Erlaubnis haben, Ihnen Erdnussschalen ins Gesicht zu schnippen und Sie vor ein fahrendes Auto zu schubsen.

Wenn Sie dagegen ein furchtloser Brecher von nichtexistenten Tabus auf Augenhöhe mit Ihren deutschen Bekannten werden, gewinnen alle Seiten: Immer wenn Sie jemand auf Ihr prätentiöses Tabubrechen anspricht, können Sie ihn ganz leicht in die Defensive drängen, indem Sie ihn als neokonservativ, reaktionär, und am schlimmsten: als langweilig brandmarken.

Tatort

Wenn Sie die Bewohner der Hauptstadt nach dem Grund fragen, warum sie nach Berlin gezogen sind, ist die übliche Erklärung, die Sie von Ausländern und Elitedeutschen gleichermaßen bekommen, dass sie einen starken Drang verspürten, aus der Beengtheit ihrer ursprünglichen Umgebung auszubrechen und das unkonventionelle Leben eines Künstlers zu leben, in einer Stadt, die sie für entspannter, nonkonformistischer und künstlerisch inspirierender halten.

Wer bestrebt ist, wie ein unkonventionelles, kreatives Mitglied der Boheme zu leben, sollte seinen Lebensstil, sein Aussehen und seine Ansichten denen angleichen, die schon länger in Berlin leben. Das Ziel der Mission ist, auf dieselbe Art *anders* zu sein wie alle anderen. Sobald Sie das Revier Ihrer Jugendträume betreten haben, sind Sie automatisch ein avantgardistischer Bohemien und müssen sich auch ohne Selbstzweifel so verhalten. Wenn Sie sich bei American Apparel einen neonfarbenen Trainingsanzug kaufen und sich einen ungepflegten Bart wachsen lassen, gewinnen Sie ein bisschen Zeit. Aber da Deutsche besonders stolz darauf sind, sich authentisch zu verhalten, ist es nicht nur eine Frage des Stils, wenn man als Künstler durchgehen will. Na ja, bei näherem Nachdenken ist es zumindest größtenteils eine

Frage des Stils, doch Elitedeutsche sehen sich gern selbst als nonkonformistische Intellektuelle, die sich nie auch nur ein Mal auf das oberflächliche Niveau puren Ästhetizismus herablassen. Deshalb verspüren sie einen ständigen Gruppenzwang, ein echtes Interesse an intellektuellen Themen zu zeigen.

Das ist der Punkt, an dem gewöhnlich die Hindernisse auftauchen. Selbst die progressivsten, großstädtischsten, konterkulturell versiertesten, avantgardistischsten, nonkonformistischsten Deutschen sind im Herzen Landeier mit denselben primitiven Gelüsten wie die normaler Menschen, über die sie deshalb ständig spotten. Egal wie viel Zeit sie darauf zu verwenden scheinen, unwahrscheinlich geniale Musik, Design, Mode, Kunst oder Literatur zu schaffen – aus irgendeinem Grund haben sie immer viel Freizeit zum »Netzwerken« in Cafés, Szenekneipen oder der Toilette des Berghain.

Die Kluft, die zwischen ihrem Ringen, den starren Ansprüchen des Boheme-Deutschland zu genügen, und ihren weltlichen Sehnsüchten klafft, die die bedauerlich konventionelle Erziehung irreversibel in ihre Gene geätzt hat, führt unvermeidlich zu kognitiven Dissonanzen. Man kann behaupten, dass die sozialen Interaktionen von Elitedeutschen von nichts anderem angetrieben werden. Das Verhalten, die Einstellung, die Mode und die Ideologien, aus denen Berlin-Mitte besteht, sind nichts anderes als Manifestationen eines wütenden inneren Konflikts, diese kognitiven Dissonanzen aufzulösen.

Wenn Sie die deutsche Art, dieses Problem anzugehen, nicht kennen, werden Sie vermutlich anfangen, hart daran zu arbeiten, der Künstler zu werden, der Sie behaupten zu sein. Sie wissen schon: altmodische Mühe in etwas stecken, ein Fachmann werden, es sich zur Lebensaufgabe machen, versuchen, weiter zu gehen als alle anderen, daran scheitern und immer wieder daran scheitern, was Sie dann ernsthaft in die Alkoholsucht treibt, danach in eine Drogensucht, die Sie fast umbringt, dann absoluter Wahnsinn, der Sie den Stimmen in Ihrem Kopf gehorchen lässt, die Ihnen befehlen, sich ein Ohr abzuschneiden, es in ein Stück Stoff zu wickeln und einer Prostituierten zu geben und Sie schließlich an den Rand des Selbstmords bringt, weil das Thema, dem Sie Ihr Leben gewidmet haben, Sie verraten hat, bis schließlich eines Tages in einem Augenblick größtmöglicher Verzweiflung etwas anderes, etwas, das tief in Ihnen verborgen war, die Oberhand gewinnt und plötzlich jeder Schritt, den Sie machen müssen, klar vor Ihrem inneren Auge liegt, und Sie lassen dem Taten folgen, steigen zu einem höheren Erkenntnisstand auf, werfen für immer Ihr begrenztes Verständnis der Welt ab, lassen Ihre Verwicklung in prätentiösen und hohlen Counter-Culture-Kitsch hinter sich, was Sie mit nichts anderem als amüsierter Distanziertheit den Handlungen und Werten gegenüber erfüllt, die einmal wichtig erschienen, weil das Leben Sie am Ende in einen wahren Künstler verwandelt hat.

Oder Sie nehmen, wenn das alles zu hart für Sie klingt, an einer Tatort-Party teil. Elitedeutsche haben irgendwann

herausgefunden, dass sie ohne die geringste Mühe genauso viel Respekt und Interessantheit gewinnen können wie ein echter Künstler. Sie müssen nur alle quälend normalen Dinge, nach denen sie sich sehnen, als total hip, künstlerisch und nonkonformistisch umdefinieren. Holen Sie sich eine Anleitung von den Meistern: Gehen Sie zu einer Tatort-Party. Sie eignet sich perfekt dazu, sich abzuschauen, wie Elitedeutsche eine Mainstream-Sache nehmen, nach der sie sich heimlich sehnen, witzlos, aber homogen ihre Haltung dazu ändern und es als das hippste und avantgardistischste Ding aller Zeiten hinstellen. An einer Tatort-Party teilzunehmen, bedeutet, etwas über das Innenleben und die Denkweise Ihrer deutschen Bekannten zu lernen.

Und wo trifft sich diese Elite? Gehen Sie einfach an einem Sonntagabend in Ihrem trendigen Stadtviertel spazieren. Tatort-Partys werden üblicherweise in »jungen« Bars und Cafés abgehalten. Wenn Sie eine Schar von Deutschen in schwarzer Kleidung sehen, mit dick umrandeten Brillen und T-Shirts mit irgendwie launigen Slogans, die in einer demonstrativ entspannten »Sonntagspose« herumhängen und sich an Flaschen mit ironischem Bier oder Club Mate festhalten und dabei auf eine kleine, improvisierte Kinoleinwand starren: Gratulation, Sie haben eine Tatort-Party gefunden. Treten Sie ein und suchen Sie sich einen Platz, dann warten Sie, bis das gruslige, unverhohlene Starren auf den neuen Typ (Sie) aufhört, und bereiten sich dann auf das Kommende vor, indem Sie den stärksten Kaffee bestellen, den Sie bekommen können. Sie stehen kurz davor, die längsten 90 Minuten Ihres Lebens zu erleben.

Jeden zweiten Sonntagabend wird eine neue Folge »Tatort« ausgestrahlt. Es ist Deutschlands am längsten laufende Krimiserie, ein bisschen wie die teutonische Version von »Law & Order«, nur viel langsamer und weniger spannend. Das ist der Grund, warum der »Tatort« bis vor ungefähr zehn Jahren keine große Anhängerschaft unter jungen Deutschen hatte.

Eigentlich ist der »Tatort« so langsam, ermüdend und absichtlich einfach gehalten, dass sich eine anderthalbstündige Folge anfühlt wie ein ganzer Tag. Auf halber Strecke werden Sie das Bedürfnis haben, sich Koffein in die Augäpfel zu spritzen, nur um die nächste Minute durchzustehen. In guter deutscher Filmemachertradition fühlt sich alles daran qualvoll übermüht an, und jede einzelne Figur ist gewöhnlicher als das schlimmste Klischee. Aber darum geht es so was von gar nicht, Ausländer! Deutsche lieben den Tatort für seinen Realismus und sein Engagement, kontroverse Themen und gesellschaftliche Entwicklungen aufzugreifen, weil diese sozialkritische Komponente sie über die Abwesenheit jeglicher Faktoren, die einen guten Krimi ausmachen, wie zum Beispiel Spannung, Drama und Action, hinwegtröstet.

Beispiel: Wenn eines Tages irgendwo in Deutschland ein Typ, der in einer Bäckerei arbeitet und dessen Tagesgeschäft es ist, Biskuit zu backen, einen anderen Typen umbringen würde, der zum Beispiel Blätterteigplunder macht, dann würden die Produzenten des Tatort keine Zeit verlieren und sich eine Tatort-Folge ausdenken, die auf anspruchsvolle Weise die unmoralischen Aspekte des Biskuitbusiness »demaskiert« und seine »verborgene dunkle Seite beleuchtet«. Der Biskuit-Bäcker wäre grenzpsychotisch und übergewichtig, und es gäbe langatmige Aufnahmen von ihm in einer weißen Biskuitbäckerschürze, wie er in einem schäbigen, dunklen Bäckereihinterzimmer ein Messer schwingt, während die Kamera langsam von seinen messerschwingenden Händen aufwärts schwenkt, immer weiter hinauf, über sein fleischiges Kinn, um schließlich unter großen »Oohs« und »Aahs« vonseiten der Tatort-Party-Besucher zu offenbaren, dass er eigentlich gar keinen Biskuit macht, sondern mit seinen total irren, mörderischen, Psychobiskuitbäckeraugen ins Nichts starrt. Doch die Szene endet nicht, und wir können hören, bekommen es aber nie zu sehen, wie er zunehmend aggressiv auf das Schneidebrett einsticht, was alles in einem wilden Crescendo des Starrens und Stechens gipfelt, Starren und Stechen, Starren und ... – sie können es sich vorstellen, es ist eine extrem kraftvolle Szene, wegen der Dinge, die wir nicht zu sehen bekommen.

Geben Sie aber nicht dem armen Biskuitbäcker die Schuld. Weil der Tatort im Herzen eine sehr deutsche Sendung ist, nimmt sich jede Folge eine Menge Zeit, die »sozialen Konflikte« und »Umstände«, die zu dem Verbrechen geführt haben, zu erforschen. Die deutsche Gesellschaft widerspiegelnd, ist im Tatort jeder ein Opfer. Sogar die Polizisten. Das liegt daran, dass Deutsche es lieben, sich für jedes Verbrechen, das nicht von einer wohlhabenden Person begangen wurde, weit hergeholte Entschuldigungen auszudenken, und alles Erdenkliche tun, um eine Theorie zu konstruieren, die all die üblichen Dinge verantwortlich machen kann, die sie fürchten oder missbilligen: Kapitalismus, Umweltverschmutzung und auf Reisen als Deutscher identifiziert zu werden.

Im oben genannten Beispiel würde der Mord des Biskuitbäckers durch die brutale und unbarmherzige Welt erklärt, zu der sich die Biskuitherstellung entwickelt hat. Es gäbe einen riesigen, gesichtslosen Biskuitkonzern, der beabsichtigt, den Biskuitmarkt mit billig hergestellten, aber faden Produkten zu regieren, was das Leben für die liebevoll privat geführten, romantisch kleinen Biskuitgeschäfte extrem konkurrenzbetont und unpersönlich macht. Die Tat des Mörders würde durch die unerträgliche Angst vor der Zukunft erklärt, die diese bösen Kapitalisten diesem einfachen, bodenständigen Biskuitbäcker eingejagt haben, doch – und das ist sehr wichtig – würde der Tatort ihm nicht alle Schuld abnehmen, sondern das Publikum auf Ihrer Tatort-Party mit einem ambivalenten Gefühl zurücklassen, was zu Bemerkungen führen würde wie: »Ich bin mir nicht ganz sicher, wer hier schuld ist, und ich glaube, man sollte hier keine voreiligen Schlüsse ziehen. Alles, was wir sagen können, ist: Der Kapitalismus bringt das Schlimmste in den Leuten zum Vorschein, stimmt's? Stimmt's?!«

Wenn der Tatort endlich zu Ende ist, fühlen sich die Deutschen um Sie herum verpflichtet, eine gesittete Debatte zu beginnen und die »wichtigen Fragen«, die von diesem sonntäglichen Tatort aufgeworfen wurden, zu diskutieren.

Die Mehrheit der Deutschen wird sich einig sein, dass das böse, gesichtslose Backwarenunternehmen 100 Prozent der Schuld bekommen sollte. Es ist nachdrücklich zu empfehlen, dass Sie sich immer der antikapitalistischen Seite der Diskussion anschließen und aktiv daran teilnehmen, um Ihre Rolle als sachkundiger Medienkommentator zu sichern.

Einen im Wesentlichen langweiligen Allerweltskrimi zu diskutieren, gibt Ihren deutschen Bekannten das wohlig warme Gefühl, kritische, selbstbestimmte Menschen zu sein, die sich der Gefahren des blinden Medienkonsums bewusst sind, weil sie viel zu intellektuell sind, um einfach wegen des Unterhaltungswerts, der im Fall des Tatorts nahe null liegt, fernzusehen.

Technomusik

In den letzten 20 Jahren hat kein anderes musikalisches Genre die Deutschen mehr fasziniert als der Techno. Es ist offensichtlich, dass keine andere Musik die deutsche Seele auf so symbiotische Art berührt wie es Technomusik kann, und folglich ist Deutschland das einzige Land auf diesem Planeten, wo Techno, oder wie immer man es heute nennt, immer noch floriert. Während junge, leicht zu beeindruckende Leute in ungefähr allen anderen Ländern schon längst zu anderen Musikgenres weitergezogen sind, halten Deutsche Techno immer noch für die aktuellste extravagante musikalische Kunstform, die es gibt.

Da sie sich schmerzlich der Gefahr bewusst sind, wieder einmal als Anhänger von »Trends vergangener Tage« abgestempelt zu werden, sind sie inzwischen sehr kreativ darin, die Bezeichnung für Technomusik ständig zu ändern, um ihr immer den Anschein von Modernität zu erhalten. Ein paar der neueren Namen, die sie benutzen, sind zum Beispiel »Minimal«, »Elektro« oder »Nu Rave«. So zu tun, als befände man sich auf dem allerneuesten Stand des Zeitgeists, während man in Wahrheit immer noch einer über zwanzig Jahre alten Tanzmusik-Modeerscheinung folgt, mag für Außenstehende ein wenig prätentiös wirken, aber es ist der einzige Weg für deutsche Technofans, ihr letztes bisschen Selbstachtung zu retten.

Elitedeutsche benutzen ihr umfangreiches Wissen über trendige Musikgenres hauptsächlich, um ihre zerbrechlichen Egos zu stützen. Es ist ein Schlüssel zum Verständnis ihrer Psyche, wenn man verstanden hat, warum sie unfähig scheinen, eine überholte Tanzmusikerscheinung der 90er-Jahre loszulassen, die sich schon vor langer Zeit unter die anderen Musikstile eingereiht hat, die von alten Leuten hochgehalten werden, die sich gern jung fühlen, wie Rockabilly oder Indie-Hip-Hop. In den frühen Tagen der Technomusik und Raves, um das Jahr 1990 herum, waren die Deutschen bloße Mitläufer dieser neuen Sache, die sie, Sie erraten es, relativ spät aufgegriffen hatten. Aber wow, was konnten sie sich dafür begeistern! Mit ihrer legendären Effizienz und ihrem Ehrgeiz schufen die Deutschen die weltgrößte Techno-Party, die »Loveparade«. Bald fuhren viele Elitedeutsche so auf Techno ab, dass sie das Bedürfnis verspürten, ihm Tag und Nacht ausgesetzt zu sein. Deshalb gaben sie ihre langweiligen und uncoolen Jobs auf, um eine Karriere in der Technomusik zu starten, indem sie DJs wurden, Plattenladenbesitzer, Grafikdesigner oder Drogendealer. Die selbsterklärte Mission war, eine neue, bessere Gesellschaft zu schaffen, gegründet auf Liebe und gegenseitigen Respekt, mit dem Ziel, die aggressive, wettbewerbsorientierte Natur der »alten« Geschäftswelt loszuwerden und in einem ewig entspannten Utopia voller Frieden, Harmonie und wummernden Bässen zu leben.

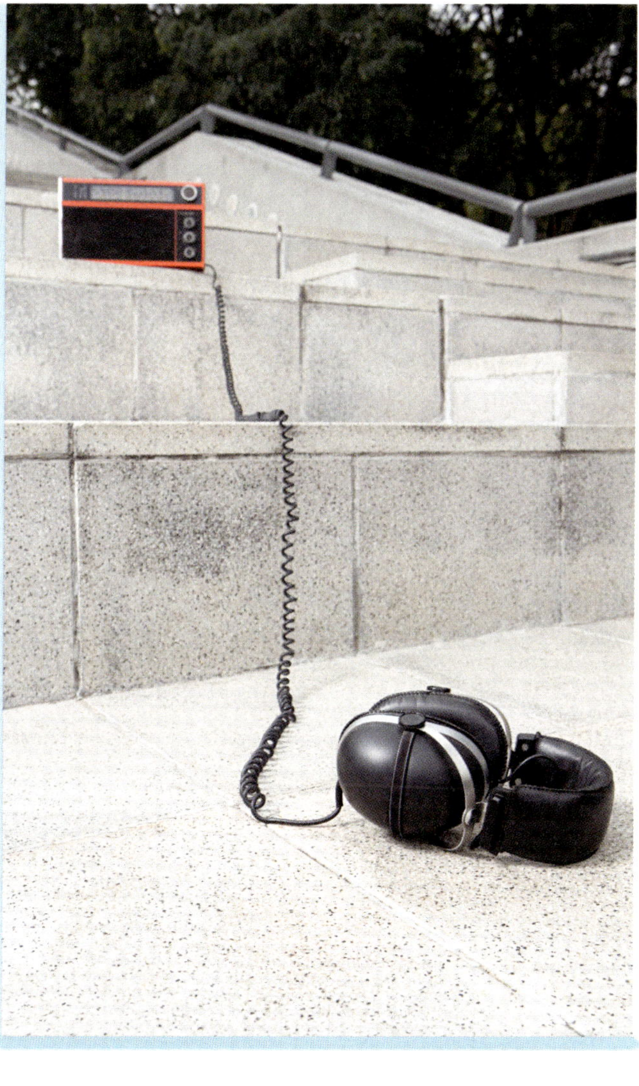

Heute ist Berlin die einzige noch übrig gebliebene Enklave auf dieser Erde, wo diese Parallelgesellschaft megacooler, hipper und super-relaxter Leute immer noch up to date ist. Jeder ausländische DJ oder Technoproduzent, der die Schnauze voll davon hat, dass man ihn für seinen Musikgeschmack auslacht und mit dem Finger auf ihn zeigt, ist hierher gezogen. Für Sie, lieber Ausländer, könnte das ebenfalls funktionieren: Wenn Sie einen billigen und einfachen Weg suchen, sich interessanter für Ihre deutschen Bekannten zu machen, sagen Sie einfach: »Ich werde bald nach Berlin ziehen!« Der deutsche Bekannte, dem Sie das sagen, wird verträumt dreinblicken und Ihnen zu dieser Entscheidung gratulieren: »Aaahh, Berlin! Das ist auf jeden Fall der aufregendste Ort, an dem man im Moment sein kann, die Partys sind unglaublich und man kommt mit sehr wenig Geld aus.« Dann wird er zu einer zwanzigminütigen Rede darüber ansetzen, wer von seinen Freunden schon nach Berlin gezogen ist und es dort natürlich super findet. Er wird Ihnen seiner Meinung nach wertvolle Insiderinformationen zu coolen neuen Bars und Pop-Up-Läden geben, die er das letzte Mal besucht hat, als er in Berlin war. Es gibt allerdings eine Ausnahme: Erwähnen Sie Ihren Plan, nach Berlin zu ziehen, nicht gegenüber jemandem aus Hamburg. Hamburger hegen einen großen Minderwertigkeitskomplex gegenüber Berlin, und die Nachricht, dass schon wieder jemand Berlin Hamburg vorzieht, könnte der Tropfen sein, der das Fass zum Überlaufen bringt.

Verfolgen Sie jedes Gespräch zwischen zwei Deutschen,

die Techno mögen (also jeder unter 70), und Sie werden ein gewisses wiederkehrendes Muster bemerken. Man nennt es das Übertrumpf-Muster. Es ist empfehlenswert, dass Sie es lernen und bald so weit sind, es anzuwenden. Benutzen Sie die folgende Beispielkonversation als Vorlage:

Person A: »Ich mag den neuen Technostil, den der DJ heute Abend spielt!«

Person B: »Ach, wirklich? Ich fand diesen Stil schon vor zehn Jahren gut, aber heute haben sie ihn sogar in München, habe ich gehört ... Ich steh jetzt auf [bitte hier das neue Technogenre eintragen, von dem Sie im Groove-Magazin gelesen haben].«

Person A: »Schön für dich. Ich glaube nicht, dass Ricardo Villalobos besonders auf diesen Style steht, aber jedem das seine, was? Hähähä ...«

Person B: »Ganz im Gegenteil. Ich kenne Ricardo persönlich und habe gehört, wie er darüber sprach, wie gern er ihn mag!«

Person A: »Ach, du kennst ihn, ja? Versuchst du, cool zu sein oder so was? Aber wenn wir uns auf so ein Niveau begeben wollen, sei gesagt, dass ich ihn auch persönlich kenne, und außerdem hat er einmal ein paar Platten gekauft, die ich ihm im [bitte hier den Namen eines coolen Techno-Plattenladens einfügen] empfohlen habe.«

Person B: »Na und? Ich arbeite in diesem Laden und treffe Ric jede Woche!«

Person A: »Was du nicht sagst. Um das mal festzuhalten:

Ich arbeite für den Lieferanten, bei dem ihr eure ganzen Waren einkauft.«

Person B: »Ach, du meinst diesen Lieferanten, der die Vinyls von dem Label kauft, das ich leite? Ha!«

Person A: »Ich bin beeindruckt. Allerdings produziere ich meine eigenen Technoplatten, für die dein Label zu langsam war, deshalb hat ein cooleres Label sie eingekauft, und ich habe 80 000 Euro mit meiner genialen Musik gemacht, die ich für eine Eigentumswohnung in einem Altbau ausgeben werde und für eine Runde Koks für all meine besten Freunde.«

Person B: »Platten produzieren ist sooo 90er-Jahre. Ich reise durch ganz Deutschland und spiele Live-Gigs auf geheimen Techno-Raves.«

Person A: »Das ist süß. Ich spiele regelmäßig Gigs in allen angesagten europäischen Metropolen.«

Person B: »Na ja, Europa ist ja ganz okay, aber im Moment geht es in Japan ab, dort werde ich übrigens kommenden Februar einen Gig spielen.«

Person A: »Japan? Hmm, hab ich schon durch. Ich habe dort eine Weile gelebt, um genau zu sein, und weil ich dadurch echt tiefgehendes Wissen über die Szene dort sammeln konnte, muss ich sagen, dass es nicht mehr so cool ist wie es einmal war. Inzwischen geht es in Shanghai so richtig ab.«

Person B: »Shanghai? Nein danke. Ich mache China nicht, solange sie nicht ihre Tibet-Politik ändern. Weißt du, was uns trennt, ist wahrscheinlich das politische Bewusst-

sein, und deshalb freue ich mich wirklich auf meine Reise durch Pakistan und Afghanistan, wo ich den einheimischen Warlords die Ravekultur vorstellen will; die Kosten übernimmt das Goethe-Institut. Das wird eine intensive Erfahrung, die irgendwie so weit über Musik hinausgeht.«
Person A: »Ahh, ich weiß, dass du nur versuchst, cool zu sein.«

Der Grund, warum Deutsche und Technomusik so perfekt zusammenpassen, ist, dass sie ihnen die Möglichkeit verschafft, sich ein weiteres komplexes hierarchisches System aufzubauen, durch das sie den Wert von allem und jedem festlegen können. Anscheinend ziehen Elitedeutsche eine Menge Selbstbestätigung daraus, andere Leute, Orte und Dinge auf ihre »Underground-Credibility« abzuklopfen.

Um das Vertrauen und den Respekt eines Elitedeutschen zu gewinnen, müssen Sie Ihre überholten Vorstellungen über Bord werfen, die die Realität in »gut« und »böse« teilen, und ihr weiterentwickeltes Kategorisierungssystem der Realität in »Underground« und »Mainstream« übernehmen. Am Anfang mag es schwer sein, sich an die Einschätzungen der Elitedeutschen zu halten. Glücklicherweise gibt es Hilfe in Form von Techno-Magazinen. Gehen Sie los und kaufen Sie sich ein paar Ausgaben von den beliebten deutschen Techno-Magazinen »De:bug«, »Groove« oder »Raveline«. Sie sind eine niemals versiegende Quelle arroganter Kommentare von der Crème de la Crème der Elitedeutschen. Glücklicherweise sind die Autoren der besagten Magazine

nicht zufrieden damit, ihre Meinung über Dinge abzuge-
ben, die sie kennen, wie Technoplatten, Technopartys und
musikalische Ausrüstung für Technoproduktionen, sondern
dehnen ihre arroganten Kommentare selbstsicher auch auf
jedes andere vorstellbare Thema aus, sei es Politik, Kultur,
Sport und vor allem das Internet.

Sie werden auch bald in der Lage sein, auf der Stelle
entscheiden zu können, ob irgendetwas »Underground«
(gut) oder »Mainstream« (schlecht) ist. Eines sollten Sie
allerdings nicht vergessen: Selbst mit diesem herrlichen
System, das das alte, überholte System, genannt »gesunder
Menschenverstand«, ersetzt, gibt es immer noch einige
Schwachstellen, die Sie kennen sollten. Abhängig vom Grad
des persönlichen Interesses an einem Thema sind Deutsche
bekannt dafür, dass sie ihre Meinung darüber von einem
Augenblick auf den anderen von »Underground« zu »Mainstream« umschalten können.

Wenn Sie zum Beispiel einem Elitedeutschen von einem
Techno-DJ erzählen, dessen Musik Sie gerne mögen, wird
Ihr deutscher Bekannter sagen: »Ach, der Typ? Der hat sich
total verkauft! Ich habe gehört, seine Seele gehört jetzt
einer großen Plattenfirma.« Wenn dagegen ein Techno-DJ,
von dem Sie wissen, dass Ihr deutscher Bekannter ihn mag,
einen Vertrag bei einer großen Plattenfirma unterschreibt
und Sie die Chuzpe aufbringen, das gegenüber Ihrem Freund
zu erwähnen, wird er rasch eine 180-Grad-Wendung machen
und ausweichend sagen: »Na ja, ich denke, Mainstream ist
das neue Underground, und es wurde langsam sowieso Zeit,

dass seine Musik die Anerkennung findet, die sie verdient.«
Denken Sie in solchen Momenten daran, was Sie darüber
gelernt haben, einen Deutschen für seine Aussagen zur
Rede zu stellen. Wenn Sie Ihren Stolz hinunterschlucken
und nichts sagen, bringt Ihnen das eine Einladung zu einer
Mittwochmorgen-Berghain-Afterparty ein, was eine Gelegenheit ist, die wichtigsten Mitglieder der deutschen Elite
kennenzulernen.

Underdogs

Wer unterstützt den Underdog? Nun ja, die Deutschen tun das definitiv – und sie geben sich nicht zufrieden, bis die ganze Welt mitmacht. Und wer könnte es ihnen verübeln? Den Unterlegenen gegen einen übermächtigen Gegner zu unterstützen ist eine nette Geste, und niemand, der klar bei Verstand ist, würde gern in einer kaltherzigen Gesellschaft leben wollen, die nur vom Überleben des Stärkeren beherrscht wird. Es liegt nahe, dass Elitedeutsche den Underdogs gegenüber besonders parteiisch sind. Um genau zu sein, sind sie so geschickt darin festzulegen, auf welcher Seite man zu stehen hat, und jedem ihre Ansichten passiv-aggressiv aufzuzwingen, dass sie total enttäuscht wären, wenn Sie sich herausnehmen würden, ihren strengen Rat zu ignorieren. Es versteht sich von selbst, dass jedes Anzeichen von Unparteilichkeit gegenüber dem Underdog, oder gar Unterstützung für den »Overdog«, Ihre Fortschritte bei Ihren deutschen Bekannten ein für alle Mal zerstören würde – kein Auftauchen als der »coole Freund aus Übersee« in einer hippen Kneipe könnte das wiedergutmachen.

Um von Elitedeutschen akzeptiert zu werden, wird von Ihnen erwartet, dass Sie sich ihnen anschließen, egal welche

Seite ihrer Meinung nach – oder noch wahrscheinlicher nach Meinung von jemandem, den sie bewundern – der Underdog ist. Man kann nicht oft genug betonen, wie wichtig es ist, in dieser ernsten Angelegenheit kein Risiko einzugehen. Wenden Sie unter keinen Umständen an, was Sie über Ironie gelernt haben, und stellen Sie sich niemals im Scherz auf die andere Seite der Diskussion – Ihre deutschen Bekannten würden das überhaupt nicht lustig oder hip finden, denn für sie ist die Entschlossenheit, immer den Underdog zu unterstützen, vielleicht der wichtigste, unabkömmlichste Charakterzug von allen. Wenn sie jemanden als Underdog deklariert haben, versteht es sich von selbst, dass er von Kritik oder Relativierung ausgenommen ist, und für Sie ist

es ein sehr bequemer Weg, anderen Ihre *Policital Correctness* zu zeigen.

Außerdem sind Deutsche ziemlich stolz darauf, sehr engagierte Menschen zu sein; und in der Tat gilt dieser Charakterzug auch für ihre Einstellung zu Underdogs. Wenn sie einmal jemanden oder etwas als den Underdog anerkannt haben, halten Deutsche bis ans Ende aller Tage an ihrer Meinung fest und ignorieren großzügig alle neuen Fakten, die das Gegenteil behaupten. Auch wenn offensichtlich ist, dass sich die Lage komplett ins Gegenteil verkehrt hat und ihr geliebter Underdog schon lange zum Overdog geworden ist, sind Deutsche in der Regel zu sehr in ihr Dogma verwickelt, um es zu bemerken. Das macht es einem neu dazugestoßenen Ausländer manchmal schwer, durch Anwendung von gesundem Menschenverstand auszumachen, wer der Underdog ist.

Wenn Sie sich Ihren deutschen Bekannten anpassen und peinliche Smalltalk-Momente umgehen wollen, ist es wichtig, zumindest die drei Lieblings-Underdogs der Deutschen zu kennen: Fahrradfahrer, Palästinenser und den FC St. Pauli.

Um die Fahrradfahrer haben wir uns schon in einem anderen Kapitel gekümmert, und der Konflikt zwischen Israel und Palästina ist so ein heikles Thema, dass dieses Buch lieber die Finger davon lässt. Aber einen Blick auf den Fußballclub von St. Pauli sollten Sie werfen.

Der FC St. Pauli ist ein durch und durch mittelmäßiger Fußballclub mit Sitz im »kultigen« Rotlichtviertel von Hamburg. Berühmt ist er hauptsächlich für sein »Piraten«-Image.

Die Begründung geht folgendermaßen: Hamburg liegt 100 Kilometer von der Nordsee entfernt, außerdem hat der Club ein hippes Logo mit einem weißen Totenkopf auf schwarzem Grund. Da haben Sie es – sie sind genau wie Piraten, oder nicht? Wie bitte? Sie sind nicht so recht von ihrem Underdog-Status überzeugt? Was sind Sie, ein Vollidiot? Häh? HÄH? Na gut, lassen Sie uns nicht jetzt schon eine Prügelei anfangen, ich werde es Ihnen erklären:

Der FC St. Pauli hat eine sehr große Fanbase auf der ganzen Welt, obwohl er meistens in der zweiten oder dritten Liga spielt. Elitedeutsche lieben es, zu dilettieren, weil es ihnen den Druck nimmt und ihnen einen Vorteil über übereifrige Yuppies verschafft, die sich in ihrem Beruf ehrlich Mühe geben. Deshalb können sich Elitedeutsche so gut mit dem Dilettantismus des FC St. Pauli in den unteren Ligen identifizieren.

Selbst Leute, die eigentlich schon Fan eines anderen Clubs sind oder sich allgemein nicht besonders für Fußball interessieren, kennen den FC St. Pauli und lieben sämtliche Aspekte daran. Fragen Sie sie, warum, und sie werden Ihnen mit Freuden einen 20-minütigen Vortrag darüber halten, warum der FC St. Pauli »totaler Kult« ist und Sie total eines dieser coolen ironischen St. Pauli-»Retter«-T-Shirts kaufen sollten. Sowohl bei Heimspielen als auch auswärts sind immer massenhaft Fans anwesend, um ihr Team anzufeuern. Der Club müsste finanziell ziemlich gut dastehen, bedenkt man die Allgegenwart von FC St. Pauli-Merchandising-Artikeln, die in den Elitevierteln jeder deutschen Stadt getragen

werden. Wie beliebt ist der FC St. Pauli nun? Er ist so beliebt, dass sogar Spieler von den gegnerischen Mannschaften ihm während eines Spiels heimlich die Daumen drücken.

Natürlich mag der FC St. Pauli für das ungeübte Auge nicht aussehen wie ein Underdog. Selbst wenn eine viel schlechtere, kleinere Mannschaft mit weniger Fans gegen St. Pauli spielt, halten Deutsche St. Pauli trotzdem immer noch für den »Underdog« in der Paarung. Denn ist St. Pauli nicht einfach wunderbar hip mit seiner Piratenflagge, der mega-vielfältigen Fanbase und diesem kleinen, kitschigen Disneyland der Counter-Culture von einer Arena? Und seiner Nähe zu diesem berüchtigten Rotlichtviertel Reeperbahn, das übrigens eine echt hippe Clubszene ist? Und wie er es jedes Jahr wieder schafft, sich gegen diese bösen, kapitalistischen Fußballclubs mit ihrem verdächtigen Ehrgeiz zu erheben? Wie könnte man ihn nicht unterstützen?

Jedes Mal, wenn St. Pauli in einem Spiel besiegt wird, behaupten die Fans hastig, dass irgendeine Verschwörung oder Bestechung im Spiel gewesen sein muss, weil »die da oben« versuchen, St. Pauli kleinzuhalten. »Die da oben« kann jeder sein, der einen Anzug trägt, wie Hamburgs Bürgermeister, der Bundesligapräsident oder Rupert Murdoch. Wenn St. Pauli gewinnt, ist es immer ein heldenhafter Sieg gegen alle Widerstände, möglich gemacht durch die starke Einheit zwischen dem Club und seinen Fans. Irgendein pathostrunkener Kitsch eben. Eine Situation, in der St. Pauli nicht der Underdog ist, ist einfach nicht vorstellbar. Wenn Sie zum Beispiel in Microsoft Word »der FC St. Pauli ist kein

Underdog« eintippen würden, würde darunter eine gezackte rote Linie erscheinen.

Nutzen Sie Ihr neues Wissen weise. Wenn Sie nach einem bequemen Weg suchen, ein paar Sympathiepunkte bei Ihren deutschen Bekannten zu erzielen, verkünden Sie einfach, Sie seien Fan des FC St. Pauli und werden ihn in seinem unaufhörlichen, unglaublich tapferen Widerstand gegen diese langweiligen, etablierten und profitgierigen Yuppie-Fußballclubs unterstützen.

In den Urlaub fahren

Es ist mal wieder diese gewisse Zeit im Jahr – hart arbeitende Menschen auf der ganzen Welt machen Pause, um ein paar Wochen weit weg von zu Hause zu genießen und nichts zu tun als zu entspannen und sich zu amüsieren. Schließlich ist die Ferienzeit die einzige Zeit im Jahr, wo man hinfahren kann, wo man will, und tun, was man will, ohne sich groß Sorgen machen zu müssen, ob andere Leute es gut finden.

So dachten Sie zumindest bisher. Wenn man unter Deutschen lebt, liegen die Dinge nicht ganz so einfach. Wenn Nicht-Deutsche von Ihren Urlaubsplänen hören, ist der folgende gesellschaftliche Vorgang normalerweise ein »High-Five«, gefolgt von einem fröhlichen »Viel Spaß, du glücklicher Schweinehund«, begleitet von einem breiten Lächeln und ohne weitere Fragen. Elitedeutsche dagegen sehen keinen Sinn in solch einer sorglosen Herangehensweise an Pausen vom Alltag. Wie bei so vielen anderen Lebensbereichen in Deutschland erhöht oder verringert die Entscheidung über Ihren Urlaub Ihre Chancen erheblich, sich den Respekt Ihrer deutschen Bekannten zu verdienen und die Freundschaft mit ihnen zu erhalten. Wenn es um Urlaub geht, ist die schiere Anzahl der Dinge, die Ihre deutschen Bekannten beleidigen können, enorm. Den Urlaub richtig hinzubekommen, ist vielleicht sogar noch wichtiger als Ihr Musikgeschmack, Ihre Art zu wohnen, Ihr Fortbewegungsmittel oder südeuropäische Kaffeespezialitäten auf Milchbasis.

Der erste Fehler, den Sie gemacht haben, ist anzunehmen, dass Ihre elitedeutschen Bekannten dieselben Gründe haben, in den Urlaub zu fahren, wie der Rest der Welt: Sie haben sich ein Jahr lang den Arsch abgearbeitet, also versteht es sich von selbst, dass Sie zwei Wochen an einem warmen, sonnigen Ort irgendwo im Süden buchen, richtig?

Falsch. Elitedeutsche, mit denen zu harmonieren Ihr Ziel sein sollte, verachten die Vorstellung, aus hedonistischen Gründen Urlaub zu nehmen. Um ein gutes Gefühl zu haben, wenn sie Geld für etwas anderes als Wohneigentum ausgeben, muss jede Ausgabe an eine ernsthafte Sache geknüpft sein, wie ein Studium, den Armen zu helfen oder die Selbstfindung. Sie sollten Ihrem Urlaub gegenüber niemals eine sorglose, unbekümmerte Haltung an den Tag legen. Das wird Ihnen befremdete, warnende Blicke von Ihren deutschen Bekannten einbringen, und Sie werden in allen folgenden Begegnungen mit ihnen deutliche Reserviertheit und Unbehagen erleben.

Wenn Sie von Ihrem Urlaub sprechen, sollten Sie die folgenden Worte um jeden Preis vermeiden: Sonne, Strand, Billigflug, Restaurant, Hotel, Europa, Urlaub. Ja, Urlaub sollte nicht benutzt werden, da Deutsche gern den hochtrabenderen Begriff »Reise« dafür verwenden, weil es ihrem

Urlaub einen abenteuerlichen, spontanen Anstrich verleiht, so als wandelten sie in den Fußstapfen von Marco Polo.

Um Ihnen dabei zu helfen, mit den beeindruckenden Geschichten Ihrer deutschen Bekannten mithalten zu können, wollen wir einmal analysieren, wie Elitedeutsche »reisen«. Der wichtigste Aspekt Ihres Urlaubs ist, mit wem Sie ihn verbringen. Einfach allein zu verreisen würde als unlauteres Verhalten betrachtet, weil es keine Möglichkeit gäbe, wie Ihre deutschen Bekannten beurteilen könnten, wie »wichtig« und »speziell« Ihr Urlaub tatsächlich war. Schließlich könnten Sie Geschichten darüber erfinden oder übertreiben und Ihre deutschen Bekannten damit einem hohen Gruppenzwang aussetzen, weil sie sich immer verpflichtet fühlen, Ihren Urlaub und den aller anderen an Intensität, Authentizität und Einzigartigkeit zu toppen. Daher machen Deutsche üblicherweise in Gruppen von mindestens zehn Leuten Urlaub. Im Allgemeinen gibt es einen »Anführer«, der den Anstoß für die ganze Urlaubsplanung gibt. Oft ist dieser »Anführer« der glückliche Nachkomme einer wohlhabenden Familie, die ein Grundstück in einem anderen Land besitzt, wohin er ein paar seiner Freunde einladen darf. Mit einer Gruppe zu fahren löst zwei Dilemmas: Wenn alle Tag und Nacht unter Beobachtung stehen, können Deutsche endlich ausspannen und sicher sein, dass niemand sich mehr amüsiert als sie. Außerdem ist die Unterbringung in einem Privathaus dem Aufenthalt in einem Hotel bei Weitem vorzuziehen. Nur die falsche Art von Deutschen oder jemand, der keinen Haufen »toller« Freunde hat, würde in einem Hotel absteigen. Denken Sie daran: Alles, was Ihren Stress vermindern würde, geht im Urlaub gar nicht.

Der Anführer trägt außerdem die Verantwortung dafür, die richtige Mischung von Leuten für den Url..., ähm, die »Reise« auszuwählen. Es muss zum Beispiel eine Person dabei sein, die die Sprache des Ziellandes spricht. Bonuspunkte gibt es, wenn diese Person auch noch gut grillen kann. In einem Restaurant zu essen ist ein unentschuldbarer Fauxpas, und ein eventueller derartiger Vorschlag kann nur von einer überaus hochnäsigen, unromantischen und unkreativen Person kommen. Schließlich ist Grillen, sogar tagtäglich, eine der vielgepriesensten Tätigkeiten für Deutsche, denn sie weckt Erinnerungen an vergangene Sommernächte, wo alle in der Nähe eines Gewässers um ein Lagerfeuer saßen und darüber sprachen, eines Tages gemeinsam in den Urlaub zu fahren, um genau dasselbe zu tun, nur in einem anderen Land.

Als Nächstes muss es eine Reihe von Leuten geben, die in komplizierten Beziehungen stecken. Die sind einfach zu finden, da die meisten Deutschen unter 50 aktiv nach komplizierten Beziehungen suchen. Sie halten sie für besser als entspannte, harmonische Beziehungen, weil sie ihrem ansonsten banalen täglichen Leben Würze geben und dafür sorgen, dass ihre Freunde über sie reden, was ihre Beliebtheit steigert. Wenn der Urlaubsleiter seine Sache gut macht, wird er zwei oder drei Paare aussuchen, die sich entweder vor Kurzem getrennt haben, aber immer noch miteinander abhängen, oder wo einer eine Affäre mit jemand anderem

hat und alle außer dem Partner selbst eingeweiht sind. Zusätzliche Bonuspunkte gibt es, wenn der oder die Geliebte zufällig auch mit in den Urlaub fährt. Eine Menge pikante Liebesdramen und lautstarke Streits mitten in der Nacht sind die willkommene Folge. Wenn der Anführer das Problem hat, dass keiner, den er kennt, in einer komplizierten Beziehung steckt, werden seine deutschen Freunde die Gefahr der Lage schnell erkennen und das Erlebnis aller retten, indem sie sich einen Tag vor der Abreise trennen, ein spontanes Coming-out haben oder sich mit einer sexuell übertragbaren Krankheit infizieren, weil sie unbedingt Gruppensex ausprobieren wollten.

Der andere megawichtige Aspekt ist natürlich Ihr Urlaubsort. Wie schon gesagt, jedes Land innerhalb der Grenzen der EU »bringt es einfach nicht«. Aller Wahrscheinlichkeit nach haben einige Ihrer deutschen Bekannten den Ort schon mit ihren Eltern besucht, als sie Kinder waren, und deshalb sind sie jetzt einerseits von der Aussicht gelangweilt, noch einmal dort hinzufahren, und andererseits – und das ist noch wichtiger – erwarten ihre Peers, dass sie genau das Gegenteil von dem tun, was ihre Eltern tun würden. Was übrigens der Schlüssel zum Verständnis eines jugendlichen Deutschen (unter 45) ist. Außerdem gilt es als sehr umweltunverträglich, per Flugzeug irgendwo hinzureisen, wo man unter Umständen auch mit dem Zug oder mit einem ironischen, verbeulten VW »Bully« hinfahren könnte. Die Argumentation geht folgendermaßen: Deutsche sind zwar immer erpicht darauf, Geld zu sparen, um es später in Immobilien zu stecken, hassen aber die Popularität von Billig-Airlines abgrundtief. Ein alter Deutscher hat einmal behauptet, die steigende Zahl von Flugpassagieren dank billiger Ticketpreise sei verantwortlich für den größten Teil des CO_2-Anstiegs in der europäischen Atmosphäre. Und deshalb akzeptieren Deutsche nur, dass jemand mit dem Flugzeug fliegt, wenn das Ziel einigermaßen weit weg ist (Bonus-»Abenteuer«-Punkte gibt es, wenn die Fluggesellschaft nicht alltäglich ist, wie Iran Air, Air Bagan oder Air Koryo).

In der Tat ist es die wünschenswerteste Urlaubsart für Deutsche, an einen weit abgelegenen Ort zu fliegen, der schwer zu erreichen ist. Wenn sie reisen, gibt es wenig, was die Deutschen mehr hassen, als wenn man sie als Deutsche identifiziert. Natürlich ist es selbst für unkontaktierte Amazonas-Anrainer ein Klacks, einen Deutschen zu erkennen. Das ist schon seit jeher eine riesige Frustrationsquelle, vor allem für Elitedeutsche. Was vielleicht die leicht schlechte Laune erklärt, die sie normalerweise haben, wenn sie im Ausland sind. In seinem ständigen Kampf, kosmopolitischer zu werden, hat der eingefleischte Elitedeutsche schon eine Aufstellung von Aktivitäten gemacht, für die ihn andere Deutsche bewundern, oder besser noch: beneiden werden. Der wichtigste Aspekt ist, dass diese Aktivitäten speziell, trendy, hip und irre genug sein müssen, um sowohl die seiner deutschen Peers zu übertreffen als auch jeden Verdacht von egoistischem Hedonismus zu zerstreuen. Um Ihnen ein paar Vorstellungen von guten Reisezielen und Aktivitäten

zu geben, über die Sie reden können, hier eine kleine Auswahl:

- »Nächste Woche reise ich nach Aserbaidschan, weil ich als Roadie für das Staatliche Symphonieorchester Aserbaidschan eingeladen wurde, das ich auf seiner Tour durch das Grenzgebiet von Pakistan und Afghanistan begleiten werde.«

- »Wisst ihr, meine Freunde und ich gehen gemeinsam mit ein paar örtlichen peruanischen Mohnbauern auf dem Utcubamba Kajak fahren. Wer weiß – vielleicht machen wir einen kleinen Umweg nach Kolumbien und pennen bei diesem Drogenbaron, den wir auf Facebook kennengelernt haben. Er scheint aber ganz cool zu sein.«
- »Ich fliege mit ein paar anderen Mädels nach Australien, wo wir durchs Land trampen werden und versuchen, uns absichtlich von Schafzüchtern kidnappen zu lassen, mit denen wir ein paar Wochen zusammenleben und arbeiten werden! Es ist total spontan, und dieser Kerl aus Australien im Berghain hat uns gesagt, es sei komplett sicher!«
- »Ich freue mich sooo auf meinen Besuch in diesem superspeziellen ›Thai Wat‹, wo ich an einem achtwöchigen Kurs über die traditionelle, authentische südostmongolische Küche teilnehmen werde, mit einer Hand auf den Rücken gebunden, während ich einen Handstand auf einem ukrainischen Einrad mache und nur Vogelfedern und Schnürsenkel als Kochgeräte benutze. Das wird sooo authentisch, Mann!«

Wenn das alles zu angeberisch, kompliziert und schlichtweg gefährlich für Sie klingt, gibt es einen Ausweg. Erzählen Sie Ihren deutschen Bekannten einfach, dass Sie beschlossen haben, dieses Jahr in Deutschland zu bleiben und eine Radtour durch die Uckermark zu machen. Ihre deutschen Bekannten werden geschmeichelt sein von Ihrem ausgeprägten Interesse an der deutschen Landschaft. Von diesem Moment an werden sie Sie als höchst individuelle, romantische und künstlerische Person ansehen, die noch den Wert des einfachen Lebens erkennen kann. Wer weiß – vielleicht verdienen Sie sich sogar eine Einladung in das Ferienhaus, das die Eltern eines Kerls in Südfrankreich besitzen, zusammen mit ein paar »echt netten« Pärchen.

Verwirrte dunkelhaarige Mädchen

Wenn Sie mit Elitedeutschen Kontakt pflegen, wissen Sie schon, dass es keine gute Idee ist, den Vorschlag zu machen, den Fernseher anzuschalten. Für Ihre deutschen Bekannten sind fast alle Fernsehsendungen endlose Ströme unerträglich aseptischer, gut gepflegter normaler Menschen, die sich immer noch an anachronistische Ideale wie Körperpflege klammern.

Dennoch gibt es ein paar Ausnahmen vom Dogma »Das ganze Fernsehen ist böse«: Eine gilt für »qualitativ hochwertige Fernsehserien«, die die linksgeneigte amerikanische Mittelklasse versorgen, wie »The Wire«, »Mad Men« oder »Dr. House«. Aber die bedeutendere und verblüffendere Ausnahme, die Elitedeutsche machen, ist die für *verwirrte dunkelhaarige Mädchen*. In Deutschland werden *verwirrte dunkelhaarige Mädchen* traditionell seit den späten Sechzigern vergöttert, und es hat sich zu einem unbestrittenen Grundsatz entwickelt, dass sie jedermanns Traumsexpartner verkörpern – selbst die der schwulen Männer und Heterofrauen.

Als Neuling in der deutschen Kultur fragen Sie sich vielleicht, wie Sie ein *verwirrtes dunkelhaariges Mädchen* von einer normalen dunkelhaarigen Frau unterscheiden können. Das ist nicht so schwer, denn alle *verwirrten dunkelhaarigen Mädchen* tragen auf ironische Art Omakleider. Was ausdrücken soll: »Seht mich an, ich bin so besonders und schön, dass sogar diese altmodischen Klamotten gut an mir aussehen.« Die Haare des *verwirrten dunkelhaarigen Mädchens* müssen ein bisschen ungewaschen und sorgfältig ungekämmt sein, als wäre sie gerade nach einer lebensverändernden, paradigmenverschiebenden Nacht in ihrer Lieblings-Szenebar aufgewacht. Auch das Verhalten von *verwirrten dunkelhaarigen Mädchen* folgt einem ganz bestimmten Schema. Sie besitzen alle eine ungesunde Mischung aus unbegründeter Aufgeblasenheit und der Unfähigkeit, zu durchdenken, was auch immer ihnen an wirren Gedanken durch den Kopf schießt. Egal was das *verwirrte dunkelhaarige Mädchen* sagt: Es wird mit einhelliger Bewunderung vonseiten seines Zielpublikums aufgenommen, das aus Trägern dickrandiger Brillen unter 45 besteht, die in Städten mit ein paar Hunderttausend Einwohnern leben. Für Leute, die in der *Medienbranche* arbeiten, gibt es keine Altersgrenze, solange sie die richtige Art von Brille tragen. Ein Anhänger eines *verwirrten dunkelhaarigen Mädchens* wird all ihre Aussagen damit verteidigen: »Ich finde, was sie macht, ist echt erfrischend, unkonventionell, frech und anders! Wenn du das nicht erkennst, bist du ein langweiliger Mensch!«

Natürlich sind *verwirrte dunkelhaarige Mädchen* in Wirklichkeit überhaupt nicht verwirrt und mädchenhaft, sondern organisierte, berechnende Selbstvermarkterinnen, die hauptsächlich daran interessiert sind, so richtig abzu-

sahnen. Sie fangen als TV-Moderatorinnen an, die wichtigtuerisch künstliche, nicht existente Tabus brechen, um dann dazu überzugehen, wirre »Literatur« über die klassischen, wenn auch ein wenig abgedroschenen Jugendthemen zu schreiben: Drogen, Clubs und Gelegenheitssex. Das Alleinstellungsmerkmal dieser Bücher ist die sorgfältig ausgefeilte *schmutzige* Sprache und der explizit sexuelle Inhalt, der suggerieren soll, dass man die wahre Lebensgeschichte des *verwirrten dunkelhaarigen Mädchens* liest, was die Fanbasis aus Jugendlichen mit glasigen Augen ausweitet auf die kaufkräftige und daher hart umkämpfte Zielgruppe der gruseligen alten Männer.

»Beeindruckt mich nicht«, sagen Sie? Tja, Sie haben noch viel zu lernen. Sie können *verwirrten dunkelhaarigen Mädchen* nicht einfach gleichgültig oder womöglich sogar kritisch gegenüberstehen. Das bedeutet, dass Sie nicht aus demselben Holz geschnitzt sind wie Ihre neuen hippen Bekannten, die eine tiefe Distanz all denen gegenüber verspüren, die es wagen, von *verwirrten dunkelhaarigen Mädchen* unbeeindruckt zu bleiben.

Ob Sie wollen oder nicht – Sie werden Ihren elitedeutschen Bekannten zeigen müssen, dass Sie ihre (unerwiderte) Zuneigung für *verwirrte dunkelhaarige Mädchen* teilen. Wann immer eine auf einem Fernsehbildschirm in Ihrer Nähe auftaucht, achten Sie darauf, wie das Gespräch plötzlich ins Stocken gerät und Ihre deutschen Bekannten wie hypnotisiert den Bildschirm anstarren. Dies ist eine kritische Situation, die Sie mit der größtmöglichen Umsicht handhaben müssen. Egal wie fortgeschritten Ihre Deutschkenntnisse sind, es wird von Ihnen erwartet, dass Sie von Ehrfurcht ergriffen sind bei allem, was das *verwirrte dunkelhaarige Mädchen* gerade sagt und tut. Bewegen Sie sich langsam aus dem Blickfeld Ihrer deutschen Bekannten heraus, damit Sie ihr Verhalten beobachten und jede ihrer Grimassen imitieren können.

Wenn sie über die skurrilen Dinge lachen, die das *verwirrte dunkelhaarige Mädchen* sagt oder tut, lachen Sie mit ihnen. Dann und wann werden Ihre Bekannten ihren starren Blick auf den Bildschirm unterbrechen, um sich gegenseitig süffisant zu bestätigen, wie »kultig«, »unkonventionell« und »frech« die Interviews des *verwirrten dunkelhaarigen Mädchens* sind und »wie ihre Entschlossenheit, Tabus zu brechen, das Fernsehen, wie wir es kennen, revolutioniert«.

Noch ein wichtiges Detail über *verwirrte dunkelhaarige Mädchen*, das Sie richtig verstehen sollten, ist, dass man sie immer nur beim Vornamen nennt, als wäre sie eine enge persönliche Freundin. Achten Sie auf Ihre Körpersprache. Die einzige Bewegung, die die Begeisterung Ihrer deutschen Bekannten über das *verwirrte dunkelhaarige Mädchen* nicht zerstört, ist ein verträumtes, bewunderndes Kopfnicken. Wenn Ihnen nach Abenteuern zumute ist, können Sie auch eine Bemerkung einwerfen wie: »Ihr habt hier ein paar wirklich interessante, hippe Leute im Fernsehen, es ist nur schade, dass sie nicht genug Aufmerksamkeit bekommen. Schließlich verkauft man mit Qualität keine Werbezeiten, was?« Das wird das Band zwischen Ihnen und Ihren deut-

schen Bekannten um einiges festigen, und Sie werden für Ihren Sachverstand bezüglich der Übel der Massenmedien hoch angesehen.

Um das Beste aus dieser Situation zu machen, schließen Sie mit einer milde selbstironischen Geste der Unterwerfung wie: »Ich wünschte, wir hätten in meinem Heimatland auch so frische, freche TV-Persönlichkeiten wie [Vorname eines *verwirrten dunkelhaarigen Mädchens*].« Das erfüllt einen doppelten Zweck. Zum Einen verschafft es Ihren deutschen Bekannten die Gelegenheit, sich Ihnen kulturell überlegen zu fühlen, und zum Zweiten könnte es dem einen oder anderen einen neuen Karriereplan eingeben, nämlich ins Künstlermanagement für *verwirrte dunkelhaarige Mädchen* einzusteigen. Wenn Sie gefragt werden, ob Sie als ihr Überseekontakt für ihr zukünftiges »Flash Portfolio« zur Verfügung ständen, tun Sie so, als könnten Sie nicht oft genug sagen, wie geehrt Sie sich dadurch fühlen. Keine Sorge, dass sie ihre Ankündigung wahr machen könnten – Deutsche lieben es, sich in verschiedenen kreativen Berufen zu versuchen, bis sie 45 sind, aber sie verwenden selten echte Mühe darauf, deshalb wird das Projekt nirgendwo hinführen.

Vorbilder

In Ihrem ehrbaren Streben, interessanter für Ihre deutschen Bekannten zu werden, wäre es sicherlich von Vorteil, wenn Sie eine Art Vorbild hätten, an dem Sie sich orientieren und das Sie inspirieren könnte. Idealerweise sollte diese Person superpopulär bei der Art von Deutschen sein, die Sie beeindrucken wollen. Der erste Schritt wäre, sich zu überlegen, in welche Gruppe von Deutschen Sie sich integrieren wollen: die »falsche« Art oder die Elite.

Die perfekten Vorbilder dieser beiden Gruppen sind: Supermodel Heidi Klum für die »falsche« Gruppe und der Intellektuelle Roger Willemsen für die »Elite«. Ja, richtig – Sie haben die Wahl zwischen einer überpräsenten, höchst narzisstischen, um Aufmerksamkeit buhlenden TV-Berühmtheit mit einem überzogenen Sendungsbewusstsein, die mit einer enervierend hohen Stimme spricht, und Heidi Klum. Interessanterweise haben diese beiden Schrittmacher des deutschen Lifestyles vor Kurzem eine öffentliche Auseinandersetzung begonnen, die eine Menge Aufmerksamkeit von den Medien bekommen hat. Also kann man wohl annehmen, dass sie die gegensätzlichsten Vorbilder sind, die Sie sich im Augenblick aussuchen können.

Wenn Sie nicht den armseligen, langweiligen Mainstream-Lebensstil annehmen wollen, den die falsche Art von Deutschen so zu genießen scheint, ist es vielleicht besser, wenn Sie Mrs Klum als Vorbild gleich vergessen. Denn sie verkörpert die drei Hauptmerkmale, die jeder Elitedeutsche, der etwas auf sich hält, verachten muss: Oberflächlichkeit, Pro-Amerikanismus und die Abwesenheit von Körpergeruch. Roger Willemsen dagegen ist ein furchtbar beliebter, intellektuell einnehmender Autor, Publizist, Frauenschwarm und vielseitiger Medien-Halbgott. Eigentlich ist er der intellektuellste Mensch in Deutschland. Wenn Sie mir nicht glauben, gehen Sie ihn einfach fragen, er wird es Ihnen gern bestätigen.

Die offenkundige Frage lautet: Wie können Sie – wenigstens ein bisschen – wie dieser Willemsen werden? Seine rhetorischen Fähigkeiten sind wirklich einschüchternd. Niemand, der bei klarem Verstand ist, würde es auch nur wagen, diesen Grad an Intellekt anzustreben. Die gute Nachricht ist: Das müssen Sie auch gar nicht. Die Mehrheit der Deutschen versteht sein Werk entweder sowieso nicht oder – was noch wahrscheinlicher ist – interessiert sich schon lange nicht mehr dafür. Roger Willemsens Fans haben sich von den Fesseln befreit, die diese langweiligen weltlichen Dogmen wie »Kohärenz« und »Relevanz« ihnen auferlegt haben, und akzeptieren jetzt einfach alles, was Roger Willemsen sagt oder tut, augenblicklich als Gesetz.

Um Ihre deutschen Bekannten glauben zu lassen, dass Sie ein Mitglied der intellektuellen Elite sind, ist das Entscheidende, das Ihnen gelingen muss, wie Sie sich anziehen.

Sie wollen sich von dem in Jack Wolfskin gekleideten Pöbel abheben? Ein erprobter Look ist der »Dandy«. Übertreiben Sie es aber nicht: Um als höchst interessantes Individuum anerkannt zu werden, ist es absolut notwendig, immer auf die Mitte abzuzielen und niemanden zu verärgern. Auch ein Dandy kann nicht uneingeschränkt Dandy sein. Denken Sie an Tom Wolfe. Stellen Sie sich vor, Tom Wolfe sei kein Bestsellerautor, sondern arbeite im mittleren Management einer örtlichen Versicherungsgesellschaft. Dann ziehen Sie noch einmal 40 Prozent Dandytum ab. Addieren Sie eine ominöse Vorliebe für dick umrandete Brillen. Jetzt haben Sie es: den Dandy nach Willemsen-Art.

Es gehört nicht zu den Aufgaben Ihres neuen intellektuellen »Ichs«, sich profundes Wissen über die schönen Künste oder Philosophie anzueignen. Das ist sowas von letztes Jahrhundert! Um als Intellektueller angesehen zu werden, müssen Sie sich darauf konzentrieren, weitschweifig über die total banalen Aspekte des Alltags zu schreiben. Von jetzt an müssen Sie auf merkwürdige, leicht amüsierte Art, mit sich als dem distanzierten Beobachter im Zentrum, jede Interaktion mit Ihrer Umgebung analysieren und reflektieren. Wenn all das viel zu theoretisch für Sie klingt, sehen wir uns einmal ein Beispiel an.

So würde Roger Willemsen sich bei Starbucks einen Kaffee holen: Zuerst würde Roger Willemsen sich in seinem üblichen »abgeschwächten Dandy-Style« (siehe oben) anziehen. Dann würde Roger Willemsen Roger Willemsens Wohnung in einem schicken Altbauviertel von Hamburg verlassen, in der Hand ein kleines schwarzes Notizbuch und einen Stift. Dann würde Roger Willemsen Roger Willemsens weiße iPod-Kopfhörer in Roger Willemsens Ohren stöpseln und in seinem charakteristischen Roger-Willemsen-Schritt zum nächsten Starbucks gehen und dabei mit Roger Willemsens Lippen eine ausgefallene Auswahl aus Roger Willemsens megageschmackvoller Musiksammlung mitpfeifen, die Roger Willemsens iPod gerade gefällig in Roger Willemsens Ohren spielt.

Nach dem Betreten des Starbucks würde sich Roger Willemsen anstellen wie alle anderen. Wenn Roger Willemsen dann an der Reihe wäre, würde Roger Willemsen nicht einfach die übliche Starbucks-Nomenklatur bedienen, um zu bestellen, sondern dem Starbucks-Angestellten einen detaillierten Einblick in Roger Willemsens Entscheidungsprozess gewähren: »Oh, bin ich jetzt dran? Okay, ich bin sicher, wenn ich Ihr linguistisch amüsantes Kaffee-Erklärungssystem richtig verstanden habe, dann lassen Sie mich versuchen, deutlich zu werden: Ich hätte gerne eine normale Tasse Kaffee mit viel Milch, und diese Milch sollte vorher erhitzt werden, aber nicht zum Kochen gebracht, und anschließend so behandelt, dass sich ein leichter Schaum bildet. Sowohl der Kaffee als auch die besagte Milch sollten dann im selben Becher serviert werden, resultierend in einer hoffentlich schmackhaften Milch-Kaffee-Mischung. Ich nehme an, junge Leute wie Sie nennen das bevorzugt Cafè Latte.«

Dann würde sich Roger Willemsen setzen und wieder Roger Willemsens weiße Ohrstöpsel einsetzen. Während er an Roger Willemsens Kaffee nippen würde, würde Roger Willemsens mit seinem typischen »amüsierten Interesse« einen Starbucks-Flyer studieren, den Roger Willemsen eben gefunden hätte. Ab und an würde Roger Willemsen einen von Starbucks inspirierten intellektuellen Gedanken in Roger Willemsens schwarzes Notizbuch schreiben.

Wenn Roger Willemsen seinen Kaffee ausgetrunken hätte, würde Roger Willemsen aufstehen, zur Theke gehen und dem Barista sagen, dass Roger Willemsen das Getränk genossen habe und Roger Willemsen daher eventuell einen weiteren Besuch in diesem Etablissement in Betracht zöge. Dann würde Roger Willemsen zur nächsten Bahnstation gehen, einen Zug besteigen und in eine andere deutsche Stadt fahren, um eine von seinen Roger-Willemsen-Lesungen abzuhalten. Während dieser Lesung würde Roger Willemsen dem Publikum eine langatmige, für Roger Willemsen typische Nacherzählung von Roger Willemsens Besuch bei Starbucks angedeihen lassen, was Roger Willemsens Publikum als einen weiteren von Roger Willemsens erfrischend intellektuellen Einblicken in die Eigenarten des modernen Lebens rühmen würde.

Verstanden? Wenn Sie diesem einfachen Beispiel folgen, werden Sie in der Lage sein, sich mühelos zig Millionen geistreiche Gesprächsthemen auszudenken, mit denen Sie Ihre deutschen Bekannten auf sinnlose, selbstbeweihräuchernde Art unterhalten können. Hey, es hat in diesem Buch funktioniert, warum sollte es bei Ihnen also nicht auch funktionieren?

Weihnachten

In den Wochen vor Weihnachten werden Sie eine gewisse Anspannung an Ihren deutschen Bekannten bemerken, die sich darin manifestiert, dass sie noch wirrer und passiv-aggressiver sind als sonst. Um diesem leicht lästigen Verhalten mit dem Verständnis und der Geduld begegnen zu können, die von Ihnen verlangt werden, müssen Sie verstehen, dass Weihnachten eine sehr delikate und schwierige Festivität für Elitedeutsche ist. Zu keiner anderen Zeit im Jahr tritt die Dissonanz zwischen der Künstlerpersönlichkeit, die Freunde kennen und respektieren gelernt haben, und der harten Realität des normalen Mittelklasse-Kleinstadt-Ichs, das hinter dem ganzen Schein steckt, unerbittlicher zu Tage.

Die Realität schlägt an Weihnachten zu, denn jeder Elitedeutsche verspürt dann eine nagende Verpflichtung, den Zug nach Hause zu nehmen, um ein harmonisches Weihnachtsfest mit der ahnungslosen Familie zu verbringen. Wie das bei Elitedeutschen so ist, wurden sie fast immer in sehr normale, bodenständige Familien hineingeboren, die in abgelegenen ländlichen Gegenden in Baden-Württemberg oder Niedersachsen leben. Als Faustregel gilt: Je künstlerischer, weltgewandter und unkonventioneller sich einer Ihrer neuen deutschen Bekannten aufführt, desto normaler und langweiliger ist sein familiärer Hintergrund. Das erklärt, warum all diese ketaminsüchtigen, ganzkörpertätowierten schwulen Skinhead-Electro-DJ-Transvestiten, die zirka 30 Prozent der Bevölkerung von Berlin-Friedrichshain ausmachen, aus Rutsweiler am Glan stammen.

Zu Hause gehen sie dann drei Tage lang durch die Hölle. Ihre Eltern erwarten von ihnen, unfassbar unhippe Dinge zu tun wie Fleisch essen, die Weihnachtsserie im Fernsehen schauen, Computerhardware benutzen, die nicht von Apple stammt, oder sogar in die Kirche gehen. Das Einzige, was sie diese Tortur ertragen lässt, ist die Tatsache, dass ihre coolen Freunde in Berlin sie nicht sehen können und dass sie hinterher an der alljährlichen zynischen Gesprächsrunde in einer »Szenekneipe« teilnehmen können, in der es darum geht, wie schlimm Weihnachten bei der Familie wieder einmal war. Wenn Sie zufällig kurz nach Weihnachten einen Ihrer deutschen Elitebekannten treffen, sollten Sie extrem sensibel mit seinem Trauma umgehen. Sagen Sie: »Mann, ich kann das wirklich nachvollziehen. Zum Glück hat meine Familie dieses Jahr nicht von mir erwartet, dass ich den ganzen Weg nach [Ihre Heimatstadt] mache, deshalb hatte ich ein wirklich entspanntes X-Mas«, woraufhin Ihr deutscher Bekannter Ihnen sagen wird, dass er Sie ehrlich beneidet, während er Sie insgeheim für Ihr liberales Elternhaus und die lässige Haltung Ihrer Familie gegenüber Weihnachten hassen wird.

Sie sollten keine Fragen über das Weihnachtsfest Ihrer deutschen Bekannten stellen. Nach Weihnachten gehen sie immer durch eine Phase starker Selbstzweifel und geringen

Selbstvertrauens, denn ihre Familie wird ihnen wieder einmal die Augen geöffnet haben, was ihren künstlerischen Egos ernsthaften Schaden zugefügt hat. Im Folgenden lesen Sie ein imaginäres Gespräch zwischen einer Ihrer deutschen Bekannten, der vielversprechenden, kurz vor dem Durchbruch stehenden Modedesignerin *Luzie* und ihrem Vater, einem Controller bei einer Versicherungsgesellschaft. Falls Sie sich fragen, warum ihr Vater sie *Michaela* nennt: Das ist der Name, den ihr ihre Eltern gegeben haben. Luzie ist nur ein Name, den sie benutzt, weil er so schön »Berlin« klingt.

Vater: »Michaela, wie läuft das Jurastudium so? Müsstest du inzwischen nicht fast fertig sein?«

Luzie: »Um ganz ehrlich zu sein, habe ich irgendwie aufgehört hinzugehen, weil ich mit den Leuten aus meiner WG ein Projekt gestartet habe ...«

Vater: »WAS? Du hast aufgehört? Du bist schon zehn Jahre an der Uni ... du willst doch noch Anwältin werden, oder?«

Luzie: »Ach, das ist so gar nicht die Art, wie es in [Berlin, Hamburg, München, Köln] läuft. Papa, du hast keine Ahnung. Wir stehen so kurz vor einem großen Durchbruch mit unserem Projekt, und das ist so viel wichtiger für die Gesellschaft, als eine blöde Anwältin zu werden.«

Vater: »Was ist das überhaupt für ein Projekt?«

Luzie: »Wir eröffnen eine Pop-Up-Kunstgalerie mit Ausstellungen von lokalen Künstlern, und Teil dieser Galerie ist ein Guerillastore, wo ich meine eigene Mode verkaufe. Weißt du, Papa, ich bin jetzt Modedesignerin!«

Vater: »Okay, Michaela, wenn alles so super läuft, kann ich ja wohl aufhören, die Miete für deine Wohnung in [Berlin, Hamburg, München, Köln] zu zahlen.«

Weil diese »Feier-Dissonanz« Elitedeutschen unerträglichen Stress bereitet, haben manche es vorgezogen, alle Bande mit ihren Familien zu kappen und über die Feiertage »in der Stadt zu bleiben«. Doch auch dann können sie nicht einfach unbeteiligt bleiben und Weihnachten wie jeden anderen Tag des Jahres verbringen. Stattdessen unternehmen sie größte Anstrengungen, um ein »alternatives Weihnachten« auf die Beine zu stellen. Dabei geht es normalerweise darum, irgendwo hinzugehen, wo normale Leute ihre Weihnachtseinkäufe machen, wo sie mit spontanen kleinen Performances gegen »blinden Konsumterror« protestieren, zum Beispiel, indem sie einen Flashmob bilden oder überdesignte Flyer verteilen (die sie mit der aktuellsten Apple-Hardware und einer illegal heruntergeladenen Version von Adobe CS4 gemacht haben), während sie auf ihren iPhones über das Projekt twittern.

Zwei Stunden später, wenn sie endlich müde und erschöpft von der ganzen Protestarbeit sind, kommen sie alle am Heiligabend in der gerade aktuellen Szenekneipe zusammen, in die auch Pete Doherty regelmäßig geht, wo sie ihr »alternatives Weihnachten« feiern, indem sie auf ironische Art ein paar dieser »peinlichen« Traditionen imitieren: »Wichteln« mit selbstgemachten Geschenken, Eierlikörcocktails trinken oder eine Nikolausmütze mit einem Punk-Pin daran tragen, auf dem »Alle Bullen sind Schweine« steht. Oder indem sie einen handgestrickten, hässlichen »Weihnachtspulli« tragen, natürlich auf spielerisch-selbstironische Art. Manchmal gibt es sogar einen ironisch dekorierten Weihnachtsbaum. Für einen ahnungslosen Außenstehenden könnte diese Party dann aussehen wie ein Haufen hoffungslos verkrampfter Leute, die ihre dunklen, unwahrscheinlich spießigen Sehnsüchte hinter einer Fassade selbstgefälliger Ironie verbergen. Es scheint, dass Elitedeutsche sich dessen tief in ihrem Inneren auch bewusst sind und irgendwie versuchen, dieses nagende Gefühl der Unzulänglichkeit auszuradieren. Das erklärt, warum sie sich in dieser Jahreszeit noch mehr betrinken, noch mehr Partydrogen nehmen und noch wilder zu ihren Lieblings-Elektrovinyls tanzen als zu jeder anderen Zeit des Jahres.

Wohngemeinschaften

Sie haben es also schließlich geschafft, eine »schöne Altbauwohnung« in einem akzeptablen Stadtviertel zu finden, sind eingezogen und dachten, Sie wären fertig. Tut mir leid, dass ich Ihre Seifenblase zum Platzen bringen muss, aber Sie sind noch weit entfernt davon. Allein zu wohnen, hilft Ihnen nicht dabei, auf Dauer ein wirklich interessanter Mensch zu werden. Die ideale Form des Zusammenlebens des Elitedeutschen ist die Wohngemeinschaft. Es ist leicht zu erkennen, warum das so ist. Teil einer Wohngemeinschaft zu sein, ist gleichzeitig ein direkter Beweis sozialer Kompetenz und eine Möglichkeit, ohne echte Konsequenzen faul zu sein, denn Ihre Mitbewohner werden sich verpflichtet fühlen, alles mit Ihnen zu teilen. Wenn Sie sich negativ über Wohngemeinschaften äußern sollten, wird das die Meinung Ihrer elitedeutschen Bekannten über Sie verändern, und sie könnten anfangen, Sie zu verdächtigen, ein gruseliger WG-Skeptiker zu sein, so ähnlich wie Hannibal Lector.

Das kann nur bedeuten, dass es Zeit für Sie ist, die Wohngemeinschaft wieder für sich in Betracht zu ziehen. Wie bitte? Sie sind immer noch nicht über Ihre letzte WG hinweg, wo Sie jede Nacht darum gebetet haben, endlich einen Platz zum Leben für sich allein zu finden und dieses Dreckloch

voller fauler Loser, Kontrollfreaks und gruseliger Drogen-
süchtiger zurücklassen zu können? Reißen Sie sich besser
schnell zusammen, Ausländer. In Deutschland ist die WG
allgemein als die ideale Lebensform anerkannt, vor allem
für Erwachsene. Das ist übrigens auch der Grund, warum die
Elitedeutschen von heute sehr zögerlich sind, was Heiraten
und Kinderkriegen angeht – es verringert ihre Chancen
empfindlich, in einer coolen WG aufgenommen zu werden.

Warum haben Deutsche so eine positive Einstellung zu
Wohngemeinschaften? Zunächst einmal ist der Standort
enorm wichtig. Deutsche Städte sind eigentlich nicht besonders groß, deshalb ist die Auswahl von Gegenden, die
ein Genehmigungshäkchen von Elitedeutschen bekommen,
sehr klein. Doch sogar in diesen begrenzten Stadtvierteln
gibt es eine steile Standorthierarchie. Die tatsächliche Auswahl ist oft auf ein paar Straßen begrenzt, die in direkter
Nähe zu den besten Szenekneipen, gemütlichsten Cafés und
billigsten Supermarktdiscountern liegen. Elitedeutsche, die
keine Unterkunft in diesen eingeschränkten Gebieten finden, werden von ihren ehemaligen Freunden wie Ausgesto-
ßene behandelt und entwickeln eine ernsthafte, lebenslange
Depression, weil sie das wichtigste Ziel ihres ganzen Lebens
verfehlt haben, nämlich unter coolen Leuten zu leben.

Nur wenn jedes einzelne Apartment rechts von ihnen,
links von ihnen, über ihnen und unter ihnen vom exakt
gleichen Typ Mensch bewohnt wird, der exakt dieselben
Ansichten und Einstellungen hat, sich exakt gleich anzieht
und spricht, exakt dieselben Moodymann-Vinyls anhört,

während er exakt dieselben wirren Träume, Filmregisseur, Künstler oder Sozialarbeiter zu werden, träumt, über exakt demselben 5-Euro-50-Rotwein und denselben Pastagerichten diskutiert – nur dann kann ein Elitedeutscher sich frei und wahrhaft individuell fühlen.

Weil sie so dicht zusammenleben, können sie sicher sein, dass sie immer den neuesten Klatsch mitbekommen, wie zum Beispiel, wenn jemand einen neuen Job, ein MacBook oder eine Freundin findet. Und das ermöglicht ihnen das Feintuning ihrer Strategie, ihre Freunde zu übertrumpfen oder, wenn das nicht funktioniert, zu versuchen, einen Anteil am besagten Job, MacBook oder der Freundin abzubekommen.

An einem bestimmten Punkt des WG-Lebenszyklus werden sich die Bewohner gezwungen sehen, eine Art höheres Prinzip für ihre WG zu erfinden, wahrscheinlich weil einfach nur in einer Wohnung zu wohnen, für jeden unbekannten Künstler, der etwas auf sich hält, zu spießig und Mainstream ist. Dann setzen sie ein Manifest auf, das in genau demselben Businessjargon aufgesetzt ist, für den sie andere immer verspotten, und in dem steht, dass sie jetzt eine »kreative« WG sind, die »darauf abzielt, die überholten Formen des Zusammenlebens neu zu definieren und die Vorstellung von *Familie* für das digitale Zeitalter zu gestalten« sowie »die Art, wie der Mensch in den nächsten Jahrzehnten arbeiten wird, neu zu definieren, indem die Grenzen zwischen Lebens- und Arbeitsbereich aufgebrochen werden, wodurch Synergien geschaffen werden, die sich fortlaufend weiterentwickeln.«

Übersetzung: Die WG-Mitglieder werden ihre unbezahlten Praktika bei Medienkonzernen oder sich dahinschleppenden Universitätsstudien aufgeben und anfangen, sich dilettantisch an kreativen Dingen wie Filmemachen, Webdesign und Fingermalerei zu versuchen, natürlich nicht, ohne zuerst eine spontane Party in ihrer gemütlichen »Wohnküche« zu schmeißen.

Trotz der Tatsache, dass alle Wohngemeinschaften finden, sie seien echt besonders und bestünden aus unwahrscheinlich interessanten, einzigartigen Individuen, gibt es eine Reihe von typischen Charakteren, die Sie in jeder WG finden können:

- Das burschikose Mädchen. Ein hippes Mädchen mittlerer Größe mit kurz geschnittenen Haaren, die oft dunkel gefärbt sind. Sie mag DJs und legt gern selbst auf, mag Fußball, ironische Arbeiterbiermarken und Kapuzensweatshirts. Alle anderen Mitbewohner mögen sie: die Männer, weil sie sich bei ihr entspannen und über ihre Lieblingsthemen sprechen können, und die Frauen, weil sie nie eine Gefahr für sie sein wird.

- Der Kerl, der immer Geld hat. Obwohl er nur Teilzeit in einer Werbeagentur arbeitet, kann er sich einen Sportwagen, ein iPad, eine professionelle Filmemacherausrüstung und regelmäßige Reisen in andere europäische Städte leisten, um an Gigs von Elektro-DJs mit großen Namen teilzunehmen. Weil er sich nicht 100-prozentig dem alternativen Lebensstil verschrieben zu haben scheint, verdächtigen ihn die anderen Mitbewohner, nur wegen der Mädchen hier zu wohnen. Deshalb arbeiten sie an einer Strategie, um ihn aus der WG zu vergraulen und sein Zimmer an einen wahren Gläubigen ihrer Sache zu vermieten.

- Der Nerd. Er ist ein schüchterner Kerl, der gut mit Elektronik umgehen kann und gern bereit ist, den anderen alle Arten von kostenlosen Gefallen zu tun, wie die WG-Internetverbindung einrichten, illegal ihre Lieblings-HBO-Serien herunterzuladen und ihnen Tag und Nacht bei jedem technischen Problem beizustehen, das ihnen begegnet. Oft hatte er eine schlimme Kindheit und ist so dankbar für jede Art von Aufmerksamkeit, dass er sich bereitwillig all die unverschämten Bitten gefallen lässt, ohne sich je zu beschweren. Die anderen WG-Mitbewohner haben ihn gern um sich, »vergessen« aber öfter mal, sein Essen im Kühlschrank nicht zu essen, ihn zu Partys einzuladen oder »bitte« zu sagen, wenn sie ihn beauftragen, ihre WLAN-Verbindung zu reparieren.

- Das Alphamännchen. Er ist bei den Mädchen der WG der beliebteste Typ und hatte mit jeder von ihnen Gelegenheitssex auf der Waschmaschine. Oft ist er arbeitslos und verbringt seine Tage mit »Netzwerken« in Szenekneipen, damit, seinen filzigen Bart zu perfektionieren oder laute Musik auf dem WG-eigenen DJ-Deck zu spielen. Niemand weist ihn deswegen zurecht, denn heimlich sieht jeder zu ihm auf – trotz seiner Lernunfähigkeit, sich beim Pinkeln hinzusetzen.

- Der Kontrollfreak. Oft ein Einzelkind. Sie hält sie sich für die Einzige, die ein bisschen dringend nötige Vernunft in die WG bringt. Sie beschwert sich pausenlos über den Schmutz im Badezimmer, das ungespülte Geschirr und die laute Musik in der Nacht, wenn sie zu schlafen versucht. Weil sie sich schmerzlich bewusst ist, dass sie inkompatibel mit dem vermeintlich freigeistigen WG-Lifestyle ist, entwickelt sie oft ein exzessives Insiderwissen über die neuesten Bands, den Nachbarschaftsklatsch oder vegane Kochrezepte und hat schon sechs Wochen vor allen anderen jede CD gehört, jeden Film gesehen und jede neue Szenekneipe besucht. Sie glaubt, ihr Wissen und ihre Hipness seien der Grund für den Respekt, den sie von ihren Mitbewohnern bekommt, während sie sie in Wahrheit nur akzeptieren, weil sie irgendwann aufhören wird, sich zu beschweren und den Abwasch selbst macht, wenn sie nur lang genug abwarten.

- Das Pärchen. Sie waren die ersten Bewohner der WG, aber weil ihre Karrierepläne, berühmte Regisseure oder Künstler zu werden, nicht aufgegangen sind, mussten sie ein paar Zimmer untervermieten, um in der Wohnung bleiben zu können. Das Pärchen lässt die anderen immer auf subtile Art spüren, dass es seine Wohnung eigentlich nicht gern mit anderen teilt. Wenn es zu genervt ist, kündigt es vielleicht sogar den Mietvertrag, ohne es den anderen zu sagen, und zieht nach Barcelona, wo der weibliche Part des Pärchens nach zwei Wochen mit einem bärtigen Spanier abhaut und der Typ ernsthaft anfängt zu koksen, »um alles zu vergessen«.

Elitedeutsche lieben das Konzept der Wohngemeinschaft so sehr, dass sogar elitedeutsche Paare, wenn sie endlich den »großen Schritt wagen« und zusammen in eine Wohnung ziehen, diese sehr schnell genau wie eine WG aufteilen. Für Deutsche ist es extrem wichtig, dass beide Teile des Paares ihre »Privatsphäre« aufrechterhalten, was im Grunde bedeutet, die Tür hinter sich abschließen zu können, die eigene Lieblingsmusik zu hören und eine Handvoll SMS mit amateurpsychologischen Ratschlägen an die beste Freundin zu schicken, die gerade eine lange Beziehung beendet hat. Nur wenn sie 45 Jahre alt werden und dabei immer noch von ihren Hobby-Utensilien umgeben sein können, wie ein oder zwei Regalen voller Vinylplatten für ihn und eine semiprofessionelle Nähmaschine für sie, die einmal Modedesignerin werden wollte, haben sie das Gefühl, »ihre Individualität nicht aufzugeben«.

Wohnungseinrichtung

■ Allgemein gesprochen dient für Elitedeutsche eine Wohnung zuerst als Ausstellung ihrer Interessen und Hobbys und erst an zweiter Stelle als heimeliger, gemütlicher Ort zum Leben. Mögen Sie Bücher? Säumen Sie all Ihre Wände mit Regalen und stopfen Sie sie mit allen Büchern voll, die Sie finden können. Lieben Sie Filme? Stopfen Sie die Regale mit DVDs voll und sorgen Sie dafür, dass alle übrigen freien Flächen mit Filmpostern oder anderen Film-Fanartikeln geschmückt sind. Wenn Sie es nicht schaffen, Ihren speziellen, superindividuellen Spleen zur Schau zu stellen, könnten Elitedeutsche Sie für langweilig oder gar gruselig halten.

■ Sie müssen in Ihrer Wohnung eine Wand haben, die mit einer riesigen Anzahl an Fotos, Postern, Postkarten und Zeitungsausschnitten gepflastert ist, was man allgemein für hip hält und was Sie daher interessanter für Ihre Gäste macht. Es ist überaus wichtig, dass Sie sie sorgfältig chaotisch anordnen und niemals richtige Rahmen benutzen. Das wird als Symbol Ihrer lässigen Haltung gegenüber dem Leben betrachtet.

■ Teakholzmöbel sind ein Muss. Fragen Sie eine alte Dame in Ihrer Nachbarschaft, ob sie irgendein altes, abgestoßenes

Teakmöbelstück hat, das Sie umsonst bekommen können. Stellen Sie es stolz in den Mittelpunkt Ihres Wohnzimmers, als wollten Sie sagen: »Ich sehe den Wert und die Schönheit in Dingen, die andere Leute achtlos wegwerfen.« Deutsche halten den Antagonismus eines hippen Menschen, der Teakholzmöbel besitzt, für einen Ausdruck großer Kreativität und unglaublichen Nonkonformismus.

- Besorgen Sie sich ein paar Papprollen (die, in denen man Poster verschickt) und stellen Sie sie auf den Boden neben Ihren »Arbeitsplatz eines digitalen urbanen Künstlers«, auch Schreibtisch genannt. Sie zeigen Ihren deutschen Bekannten damit, dass Sie ein gut vernetzter Künstler sind, dem wichtige Institutionen regelmäßig wichtiges Material zuschicken. Material, das nicht gefaltet werden darf. Außerdem zeigt die Tatsache, dass Sie die Rollen behalten, dass Sie ein versierter Recycler sind, der diese Röhren wiederverwenden wird, um unglaublich wichtige Dinge, die man nicht falten darf, an andere wichtige Leute zu verschicken.

- Ein großer Spiegel in einem schweren, alten Bilderrahmen. Hängen Sie ihn an die Wand in Ihrem Wohnzimmer, und die Komplimente über Ihren »Designerblick« werden nicht aufhören, auf Sie zu regnen.

- Ein kleines Bücherregal. Als Faustregel gilt: Sie müssen immer mehr Bücher besitzen als Platz in Ihren Regalen ist. Das symbolisiert Ihre überbordende Freude am Lesen. Die Bücher, die nicht ins Regal passen, müssen auf den Boden vor das Regal gelegt werden. Noch einmal: Es wird

Sie für Ihre deutschen Bekannten sehr charismatisch erscheinen lassen, ein wenig sorgfältig gepflegtes Chaos in Ihrer Wohnung zu haben, also arrangieren Sie die Bücher so, als nähmen Sie sie ständig in die Hand, um die genialsten Passagen daraus noch einmal zu lesen, die Sie natürlich mühelos wiederfinden können.

- Ein altmodisches Stück Audioausrüstung, wie einen kleinen Gitarrenverstärker, einen retromäßig aussehenden Lautsprecher, ein Tonbandgerät oder ein Paar *Technics1210*-Plattenspieler. Auf die Frage, ob die Sachen noch funktionieren, muss der Besitzer antworten: »Natürlich. Ich muss sie nur noch verkabeln.« Erwarten Sie nicht, dass er das weiterverfolgt und Sie irgendwann anruft und sagt: »Ich habe sie wieder angeschlossen, komm doch vorbei und hör sie dir an, wenn du willst ...«

- Nichts sagt so gut »Ich bin interessant«, wie eine Wand in Ihrer Wohnung ungestrichen zu lassen, damit man den rohen Putz sieht.

- Wenn Sie (wie alle) Musik mögen und Ihr Job (wie der aller anderen) irgendwie mit Musik zu tun hat, dann brauchen Sie eine Diskokugel. Sie können sie entweder an die Decke hängen, oder sie, wenn Sie zu faul sind, in ein Regal legen, um ihren »Designaspekt« zu betonen. Ihre Gäste werden garantiert die Diskokugel registrieren und fragen, wo Sie sie herhaben. Erzählen Sie ihnen eine gut vorbereitete Geschichte, in der die Russenmafia vorkommt. Sie *haben* doch eine hippe Geschichte vorbereitet, in der die Russenmafia vorkommt, oder etwa nicht?

- Eines oder mehrere *Expedit*-Regale voller Vinylplatten. Musikgeschmack und Wissen über obskure Künstler machen ungefähr 90 Prozent des Charakters eines Elitedeutschen aus, deshalb ist das *Expedit*-Regal das Allerheiligste der Wohnung und die nach außen gekehrte Seele des Besitzers. Außerdem ist es der einzige Platz in der Wohnung, der sauber und geordnet aussehen darf, ohne den Verdacht zu erwecken, der Besitzer könnte ein Borderline-Faschist sein. Eine Technik für Fortgeschrittene: Ein paar Platten mit »schönem Design« auswählen und sie mit dem Cover nach vorn in jedes Regalfach stellen, was eine spontane, sich ständig verändernde Collage ergibt, die der *Documenta* würdig wäre.

- Ein modernes Objekt auf einem antiken Möbelstück. Jede Wohnung in Elitedeutschland muss mindestens ein antikes Möbelstück besitzen. Stellen Sie irgendein modern designtes Objekt darauf, zum Beispiel einen Designer-Aschenbecher oder eine Lampe – Elitedeutsche werden Sie ohne weitere Prüfung zum Meister des Innendesigns erklären.

- Ein Kronleuchter. Er ist der perfekte Beweis für Ihren einzigartigen Geschmack, was »Zeug« angeht. Sorgen Sie dafür, dass es kein glänzender, neuer Kronleuchter ist, sondern aussieht, als hätten Sie ihn aus dem Müll gezogen. Das verleiht ihm einen ironischen Anstrich, und Sie können jede Diskussion über seine ästhetischen Qualitäten gewinnen, indem Sie blasiert sagen: »Aaah, Mann, mach dich locker, es ist *ironisch* gemeint!«

- Für Deutsche ist der »heilige Gral« des Innendesigns der Lounge Chair mit Ottoman von Charles und Ray Eames. Es ist das einzig teure Möbelstück, mit dem Sie durchkommen können. Einige Deutsche, die nicht mehrere tausend Euro für einen Stuhl ausgeben können, verbringen Jahre damit, dieses Möbelstück auf eBay zu jagen und werden dabei zu Hobby-Antiquitätenhändlern. Was bedeutet, sie durchforsten die Speicher von alten Leuten nach staubigem, altem Plunder, auch Designklassiker genannt, die sie dann ihren Freunden mit hübschem Profit verkaufen, bis sie endlich genug Geld zusammen haben, um sich »ihren *Eames*« zu kaufen.

- Bonus-Sympathiepunkte können Sie sich verdienen,

indem Sie verkünden, Ihre Wohnung sei ein *Gesamt-kunstwerk*, das sich »in einem ständigen Wandlungs- und Evolutionsprozess« befindet. Machen Sie sich keine Sorgen, dass Sie wie ein wichtigtuerischer Trottel wirken könnten. In Deutschland macht Ihnen keiner einen Vorwurf, wenn Sie die Gemeinplätze Ihres peinlichen Versuchs, nonkonformistisch zu sein, mit prätentiösem, selbstverliebtem Geschwafel auftakeln.

Wohnungssuche

Die Globalisierung schreitet fort, und Bewohner von armen Ländern schließen mit dem Lebensstandard der westlichen Welt auf. Staatsbürger von Indien, Südamerika und einigen asiatischen Ländern reißen, sobald sie können, ihre maroden Gebäude ab und besorgen sich hübsche neue Wohnungen. Auf der ganzen Welt versteht es sich von selbst, dass man lieber in einem Haus mit wasserdichtem Dach, funktionierender Elektrik, einer modernen Heizungsanlage und praktischer Raumaufteilung wohnt.

Auf der ganzen Welt? Nicht so schnell, Ausländer! Für Deutsche ist die Wahl ihres Zuhauses alles andere als eine triviale Frage und hat wenig mit vernünftigen Erwägungen zu tun. Die Wahl Ihrer Wohnung kann in der Tat bedeutendsten Einfluss darauf haben, wie gut Sie mit den Deutschen zurechtkommen werden. In die *richtige* Wohnung im *richtigen* Stadtviertel zu ziehen, kann ein »Freundschaftskatalysator« sein, der Ihnen dabei helfen wird, viele neue Bekanntschaften mit Deutschen zu schließen und zu erhalten.

Vergessen Sie als Erstes einmal die ganzen vernünftigen (sprich: langweiligen) Kriterien, an die Sie denken mögen, wenn Sie eine Wohnung suchen, wie zum Beispiel passende Arbeitsmöglichkeiten in der Nähe, ein hübsches

Wohnviertel, funktionierende Elektrizität, Sauberkeit und nicht zuletzt das Alter des Hauses. Im Grunde ist der einzig akzeptable Wohnungstyp für Deutsche der »Altbau«, was wörtlich an sich nur »altes Gebäude« heißt, für Deutsche aber die mystische Aura eines nonkonformistischen, antikapitalistischen Wohlfühl-Utopias mit Echtholzparkett trägt. Auch wenn diese Häuser in Wirklichkeit meistens der schlimmsten Sorte von Kapitalisten gehören, die nie irgendwelches Geld in die Renovierung stecken, weil sie wissen,

dass sie ihre verranzten Wohnungen sowieso an leicht zu beeindruckende Youngster aus Baden-Württemberg vermieten werden. Sprechen Sie Deutsche aber nie darauf an, sonst werden Sie für Ihre Mainstream-Ansichten gemieden. Erst wenn Deutsche endlich erwachsen werden (die frühesten dokumentierten Fälle lagen bei 42 Jahren), dürfen sie ihre »Altbauwohnung« gegen eine »sanierte Altbauwohnung« eintauschen. »Saniert« bedeutet, dass es dieselbe Art von heruntergekommenem Gebäude ist, aber der Vermieter baut eine neue Badewanne ein und streicht die Wände, bevor Sie einziehen. Diese Wohnungen sind sehr begehrt, da sie es den Deutschen ermöglichen, sich jung und hip zu fühlen, obwohl sie ihre Ersparnisse für so etwas Langweiliges wie eine Behausung ausgeben.

Wenn Sie auf der Suche nach einer »schönen Altbauwohnung« sind, können Sie noch Extrapunkte sammeln, wenn Sie eine Wohnung finden, die einen Kohleofen statt einer richtigen Heizungsanlage hat. Wenn Sie danach gefragt werden, sollten Sie immer etwas antworten wie »Klar, das ist ein bisschen heavy mit dem Kohleofen, aber andererseits verleiht er der Wohnung natürlich auch einiges an Charme«. Dann sollten Sie hinzufügen, dass Sie sowieso in den nächsten Monaten planen, umzuziehen. Sowohl um die Sorge Ihrer deutschen Freunde um ihren Platz zum Pennen zu zerstreuen, wenn sie ein Problem mit ihrer WG haben, als auch, weil es als cooler, unkonventioneller Lebensstil gilt, wenn man mindestens einmal im Jahr sein Zeug zusammenpackt und umzieht. Bonuspunkte gibt es, wenn Sie in eine WG mit Kunststudenten, Modedesignern und/oder DJs ziehen.

Um diesen Punkt noch genauer zu veranschaulichen: Es ist statistisch bewiesen, dass der perfekte Ort zum Leben für Deutsche ein heruntergekommener Altbau in einem noch unentdeckten Teil von Berlin-Friedrichshain (je nach Mode austauschbar) ist, mit Parkett, einem Extrazimmer für die riesige Vinylplattensammlung, in der Nähe von vielen alternativen Kinos, Boutiquen für selbstgemachte Kleidung, Designbuchhandlungen und Clubs, die hauptsächlich elektronische Musik spielen.

Deutsche werden sich an den Wochenenden selbst in Ihre Wohnung einladen, um sie als Stützpunkt für ihre Unternehmungen im Nachtleben zu benutzen. Total selig machen Sie Ihre deutschen Bekannten (und wen Sie auch sonst noch schlafend in Ihrem Bett vorfinden), wenn Sie sie zum Brunch in ein nahegelegenes Öko-Café einladen.

Wenn Sie es noch nicht schaffen, total deutsch zu sein, und sich entschließen, in ein neues Haus in einem hübschen Stadtteil zu ziehen, dann laden Sie niemals Freunde zu sich ein. So etwas hält man besser geheim, und in diesem Fall ist eine Notlüge tragbar. Wenn Sie mutig sind, versuchen Sie, sie zu übertrumpfen, indem Sie behaupten, Sie hätten eigentlich gar keine eigene Wohnung, sondern gingen zum Pennen lieber jeden Abend zu Ihren hippen ausländischen Freunden von der Kunstakademie. Ihre deutschen Bekannten werden Sie zu Ihrem exzentrischen, interessanten Lebensstil beglückwünschen.

Yuppies

Gentrifizierung ist zum Lieblings-Modewort der Elitedeutschen aufgestiegen. Welchen Einwohner von Berlin-Mitte Sie auch fragen, er wird zu einem langatmigen, passiv-aggressiven Vortrag darüber ansetzen, wie schickisiert, konventionell und gentrifiziert sein Viertel geworden ist, und keinen Zweifel daran lassen, dass Gentrifizierung ein eindeutig negatives Phänomen ist. Wenn er mit seinem Vortrag fertig ist, wird derselbe Elitedeutsche Sie auf einen *Americano* in eine neue Kaffeebar in der Kastanienallee einladen, weil er total in eine der süßen Baristas dort verknallt ist.

Wenn Sie von einer größeren Stadt nach Berlin gezogen sind, haben Sie wahrscheinlich schon eine gesunde Vorstellung davon, was Gentrifizierung bedeutet. Sorry, aber das wird Ihnen im hippen neuen Deutschland nicht weiterhelfen. Vergessen Sie alles, was Sie über Gentrifizierung zu wissen meinten, denn die Deutschen haben das Spiel erheblich beschleunigt. In Deutschland umfasst der Begriff Gentrifizierung eine viel größere Bandbreite, denn die Leute hier haben sehr feine Antennen für Gentrifizierung und diejenigen, die sie dafür verantwortlich machen. Aus Gründen der Bequemlichkeit, einfach große Teile der Bevölkerung zu stereotypisieren, wenn es zu ihren bestehenden Animositäten passt, sind Elitedeutschen zu einem weithin anerkannten Einverständnis darüber gekommen, wer für ihre durch Gentrifizierung bedingten Unannehmlichkeit, eine etwas höhere Miete zahlen zu müssen, verantwortlich ist: die Yuppies. Natürlich ist diese Bezeichnung mehr als ein bisschen abgestanden und wurde seit zwei Jahrzehnten von niemandem mehr ernsthaft benutzt. Dennoch benutzen Elitedeutsche ihn gern, um die Leute zu benennen, die ihrer lautstark vorgetragenen Meinung nach die Verantwortlichen für die Gentrifizierung sind. Doch seien Sie gewarnt: Die deutsche Definition eines »Yuppies« ist viel weiter gefasst als Sie es gewöhnt sind. Aufs Yuppie-Terrain hinüberzuwechseln kann Ihre Gesundheit gefährden und es für einen Elitedeutschen komplett inakzeptabel machen, jede Art von Austausch, abgesehen von verurteilenden Seitenblicken, mit Ihnen zu pflegen. Sehen Sie in folgender Liste nach, ob Sie vielleicht ein Yuppie sein könnten:

Kleidung

Sie tragen Schals nur im Freien und aus praktischen Gründen, nämlich um Ihren Hals warm zu halten?

Deutsche assoziieren diese Verwendung eines Schals mit einem obszön reichen, sadistischen, unmenschlichen, Zylinder tragenden Fabrikbesitzer aus einem Roman von Charles Dickens. Bunte Schals, die hauptsächlich in geschlossenen Räumen getragen und mit einem kurzärmeligen T-Shirt

kombiniert werden, sind dagegen ein todsicherer Weg, Ihre Hingabe gegenüber fragwürdigen Modetrends auszudrücken, die von Anfang an lächerlich waren.

Hemden.

Werfen Sie sie jetzt weg, oder besser noch: Tauschen Sie sie gegen kragenlose T-Shirts mit ironischen Aufdrucken oder gebrauchte, graumelierte »Champion«-Sweatshirts aus dem Secondhandladen aus. Gute, Nicht-Yuppie-Arbeiterklasseleute kann man an ihrer Liebe zu Rundhalsausschnitt-Oberteilen erkennen.

Formelle Kleidung wie Jacketts, Röcke, Lederschuhe.

Dennoch können diese okay sein, wenn sie als ironisches modisches Statement getragen werden, müssen dann aber mit authentischen Mottenlöchern einhergehen, die den Zerfall des Kapitalismus und seiner Dresscodes symbolisieren. Um die Ironie zu unterstreichen, kombinieren Sie jegliche formelle Kleidung unpassend mit neonfarbenen American-Apparel-Produkten und billigen, übergroßen Sonnenbrillen mit weißen Plastikrahmen.

Ernährung

Triple-Shot Decaf Vanilla Lattes.

Fancy Kaffeespezialitäten sind definitiv ein No-go, denn sie sind der Inbegriff der Yuppie-Symbologie. Zunächst einmal kommen Mode-Kaffeespezialitäten aus den USA (verdächtig) und werden auf ewig mit kaltherzigen Bankern (empörend) assoziiert, die nach der Mittagspause zurück in ihr Büro gehen und in der Hand eines dieser Getränke in einem Starbucks (böse)-Pappbecher (verschwenderisch) halten. Das Extravaganteste, was Sie trinken dürfen, ist Galao (Portugal, Bossa nova, authentisch arme Menschen, günstiges Urlaubsziel), aber was Sie wirklich bestellen sollten, ist »einfach eine Tasse Kaffee« (Arbeiterklasse *Slash* Künstlergetränk).

Sushi.

Ähnlich wie bei den modischen Kaffeespezialitäten verbinden Deutsche mit Sushi mehr die überbezahlten Banker, die ihre Trophäenfrauen in ihren Audi R8-Sportwagen in ein teures Sushi-Restaurant ausführen, als mit einem alltäglichen japanischen Nahrungsmittel. Deshalb gilt es immer noch als »yuppie«, in ein Sushi-Restaurant zu gehen. Sushi zu Hause selbst zu machen und dabei eine Heimwerker-Latzhose zu tragen, wird dagegen als hippes Do-it-yourself gesehen und ist total unverdächtig.

Rucola.

Ja, dabei gesehen zu werden, wie man Rucola isst, könnte durchaus dazu führen, dass Ihnen von einem Mob wütender mittelalter Männer von der Anti-Gentrifizierungspolizei das Gesicht neu arrangiert wird. Wenn Sie versehentlich eine Pizza mit Rucola darauf bestellt haben, schnappen Sie sich das Grünzeug sofort und werfen Sie es unter den Tisch. Versichern Sie sich, dass niemand den Rucola in Ihrer Nähe gesehen hat, dann verlassen Sie das Restaurant durch die Hintertür.

282 Körperpflege

Weniger ist mehr.

Ein sicheres Zeichen männlicher Yuppieness ist ein glatt-rasiertes Gesicht, oder bei Frauen Haare, die mehr als ein Mal in der Woche gewaschen werden. Eine Dusche auszu-lassen, oder auch fünf, verfehlt seine Wirkung nie, Ihre deutschen Freunde zu überzeugen, dass Sie eine freigeistige, interessante Person sind.

Fortbewegungsmittel

Sie ahnen es schon: Jedes andere Fortbewegungsmittel als ein Fahrrad lässt Sie wie einen Yuppie aussehen.

Wenn Sie ein Auto für Ihre tägliche Fahrt zu dem bösen multinationalen Konzern brauchen, der Sie beschäftigt, versuchen Sie, Ihre berufliche Laufbahn neu zu erfinden und suchen Sie sich einen Job als Assistent bei einem al-ternativen Psychotherapeuten in Ihrer Nachbarschaft, der Gruppentherapiesitzungen mit illegalen Betäubungsmitteln durchführt. Dann werden Sie nicht nur zu Fuß zur Arbeit gehen können, was Wunder bei Ihrer CO_2-Bilanz bewirkt, sondern Ihr Gehalt wird auch so niedrig sein, dass Sie sich sowieso keine Statussymbole von Yuppies mehr leisten können. Wenn Sie aufs Fahrrad umsteigen, sorgen Sie dafür, dass es ein sehr billiges, gebrauchtes ist. Yuppies sehen den ideellen Wert von abgewrackten, gebrauchten Sachen nicht und lassen sich an ihren hochmodernen Mountainbikes und teuren Radsportmonturen ganz leicht von normalen Fahrradfahrern unterscheiden.

Körpersprache

(Benutzen Sie einen Spiegel oder eine Schaufensterscheibe, um ständig Ihre Körpersprache auf Anzeichen zu kontrollieren, dass Sie ein Yuppie sein könnten.)

In Eile sein.

Nur Yuppies sind ständig in Eile, weil ihre fremdbestimmte Arbeit in multinationalen Konzernen von ihnen verlangt, sich andauernd mit anderen Yuppies zu treffen, um böse Marketingstrategien zu entwerfen, nur um ihre selbstsüchtige Karriere voranzutreiben und ihren oberflächlichen Konsum-Lifestyle zu fördern. In beachtlicher Geschwindigkeit auf dem Bürgersteig geradeaus zu gehen und dabei auf die Uhr zu sehen (überhaupt eine Uhr zu besitzen) oder sichtlich genervt zu sein über sich langsam bewegende Einheimische, die Ihnen den Weg versperren, sind alles schädliche Verhaltensweisen, die mit Yuppies assoziiert werden.

Kein Interesse an Fremden zeigen.

Wenn Sie unter Menschen sind, zum Beispiel in einem Café oder an einem anderen öffentlichen Ort, gilt es als sehr schlechtes Benehmen, kein Interesse daran zu zeigen, ungeschickten Smalltalk mit Fremden anzufangen. Deutsche könnten Sie für einen arroganten Yuppie halten, wenn Sie lieber über einen längeren Zeitraum hinweg, sagen wir mehr als drei Minuten, eine Zeitschrift lesen, ohne aufzublicken, um zu sehen, ob jemand Blickkontakt mit Ihnen herstellt. Außerdem ist es, wenn jemand die Szenerie betritt, Ihre Pflicht, zu zeigen, dass Ihnen diese Person wichtig ist, indem Sie ihr mit Blicken folgen, mindestens bis sie einen Sitzplatz gefunden, ihre Jacke ausgezogen und angefangen hat, die Speisekarte zu lesen.

Unerklärlicherweise sieht kein Deutscher sich oder seine Peergroup als Täter, sondern immer als Opfer von Gentrifizierung. Egal wie spät sie einen Stadtteil entdecken: Ihr Selbstbild ist immer das eines Pioniers, der ausnahmslos geniale Counter-Culture in eine erloschene Umgebung bringt, und jeder, der nach Ihnen einzieht, ist ein selbstsüchtiges, langweiliges, konsumgeiles Yuppieschwein. Ihnen scheint der Teufelskreis nicht bewusst zu sein, dass jedes Stück Straßenkunst von einem Schablonen schwingenden Banksy-Epigonen, jede spontane Pop-Up-Kunstgalerie, jedes asymmetrisch geschorene skandinavische Fashion-Victim, das an einer dreckigen Straßenecke in Mitte für einen Blog über

Berliner Mode fotografiert wird, jedes brennende Auto und schließlich jede noch so kleine Andeutung von Counter-Culture am Ende nur dazu dienen wird, das Stadtviertel trendiger und daher interessanter für genau die Art von unsicheren Leuten zu machen, die ihr Selbstbewusstsein aufpeppen müssen, indem sie in ein »hippes« Viertel ziehen, wo sie feststellen, dass ihre imaginäre Unkonventionalität schon lange eines von vielen langweiligen Schemata geworden ist.

Bildnachweis

Blickwinkel/M. Haddenhorst: 153

F1-online/Eyecandy Pro: 65

Flickr: 132

Getty Images/Image Source: 225

Laif/Biskup: 275

Moreno, Freedom: 259

Ostkreuz/Thomas Meyer: 26

photocase.com: 23; 35, 50 (gschpaenli); 74 (suze); 85 (complize); 97 (zettberlin); 109, 192 (froodmat); 143 (Nadine Platzek); 167 (Arndt Drifte); 175 (spacejunkie); 185 (alex); 205 (Monsieur Champs); 233 (SiebenaufeinenStreich)

Schmuck, Ragnar: 270

Darf's auch ein bisschen mehr sein?

192 Seiten
ISBN 978-3-442-15609-2

Schlau, herrlich satirisch und wunderbar praktisch!

Die ganze Welt des Taschenbuchs
unter
www.goldmann-verlag.de

Literatur deutschsprachiger und
internationaler Autoren,
**Unterhaltung, Kriminalromane, Thriller,
Historische Romane** und **Fantasy-Literatur**

Aktuelle **Sachbücher** und **Ratgeber**

Bücher zu **Politik, Gesellschaft,
Naturwissenschaft** und **Umwelt**

Alles aus den Bereichen **Body, Mind + Spirit**
und **Psychologie**